競馬記者
では絶対に
書けない

騎手の取扱説明書

TARO

写真／橋本健
※データ集計期間は、断りのない限り2017年1月1日～2020年2月23日

なぜ、今騎手なのか？

一度でも馬券を買ったことがある方ならわかると思いますが、競馬予想のアプローチは無限にあります。馬の能力や適性、調教、実績、過去傾向などのデータ、はたまた世相から狙い馬を見つけるサイン馬券まで、巷には様々な馬券術が溢れています。最近は天気や風などの研究も盛んになっており、AI予想も今後はさらに進化していくでしょう。そして、どれが優れている、劣っているということはありません。9・11のテロがニューヨークのマンハッタンで起こった年の有馬記念で、1週間思考を巡らせた玄人が、世相と名前で馬券を買った素人に敗北したのです。当時は、「マンハッタンカフェ」と「アメリカンボス」で大万馬券となったのは有名な話です。人の数だけ考え方があり、戦う武器がある、それが競馬の魅力でもあります。

私も競馬歴20余年の中で、様々なアプローチを試みました。基本的には枠順や馬場、展開などを重視しますが、時代時代によって重要なポイントは少しずつ、しかし確実に変わってきます。過去の成功体験を忘れられず更新を怠れば、たちまち成績は落ち込んでいきます。その点で、競馬はとても正直で、努力が報われるギャンブルでもあります。

そんな中で、近年非常に強く考えるようになったポイントがあります。それが、ジョッキー、つまり〝騎手〟です。競馬はシンプルにいってしまえば、騎手が馬を操る競技です。運転手である騎手によって馬のパフォーマンスが変わるのは当然といえば当然かもしれません。2019年の春、

なぜ、今騎手なのか？

イマイチ予想の調子が上がらない中で、過去の的中実績や的中パターンを振り返ったことがあります。その際に、的中している予想の多くに共通して重視しているポイントがありました。そのポイントこそが、騎手だったのです。

２０１９年夏、私は騎手の重要度を少し上げて予想をすることにしました。具体的にいうと、これまでだったら「馬が強いから、騎手には目をつぶって」としていたものを、辞めました。どんなに馬が良くても、騎手との呼吸が合わなければ、相性が悪ければ馬は走らない。この頃から、自分自身でもかつての予想の切れ味が戻ってきました。

そして、ちょうど昨年の11月に大手競馬ポータルサイトnetkeiba.comの「ウマい馬券」という企画への参加を依頼されました。そこは予想と同時に事前に買い目を公開する、まさにガチンコ勝負の場所なのですが、11月の参戦から本書執筆終了時点の２０２０年3月まで5カ月間、すべての月でプラス収支を記録しています。

２０１９年11月　１３６％
２０１９年12月　１０７％
２０２０年1月　１３８％
２０２０年2月　１０４％
２０２０年3月　１７１％（※3月は15日終了時点）

スミマセン、本書は私の馬券自慢をするようなつまらないものではありません、まして騎手を知ったから勝ちを保証するものでもありません。それでも騎手を知れば明らかに有利になります。さらにいえば、買った馬がなぜか最後方にいる、なぜか大外をぶん回す、そんなストレスは間違いなく減る、そのことは保証できます。今となっては、騎手を知らずして馬券を買うことなど、怖くてできないほどです。

本書を手にした皆さんは、「騎手を知る」「騎手で馬券を当てる」というと、どのようなことを思い浮かべるでしょうか？　恐らく、どの騎手が上手いか、どの騎手がたくさん勝っているか、あるいは外国人騎手を買えば儲かるとか、もう少しコアなファンなら、○○騎手は××のコースが上手いとか、知られてないけど儲かるとか、そういうことが頭に浮かんだのではないでしょうか？

しかし、本書がお伝えしたいのは、騎手が上手いか下手かといったことではありません。まして何勝していてリーディング何位とか、そういうことでもありません。もはやそんなことはどうでも良いとすらいえます。本書の試みは、「騎手を知る」ということです。これは、恐らくこれまで多くの馬券作戦や必勝法の類の中でまったく手を付けられてこなかった分野です。

そう、実は騎手は〝ブルーオーシャン〟＝〝未開拓分野〟なのです。なぜ、予想する上ではこんなにも身近な騎手が、未開拓だったのか？　その主な理由は以下の2点です。

①馬に乗ったことがないとわからないという〝現場至上主義〟
②騎手と記者、関係者など密度の濃いゆえに書きづらい〝人間関係〟

①について、一見するとこの言葉は正論に聞こえるかもしれません。現場を知らない、経験したこともない人間が偉そうに言うな、そう言われれば反論はしづらい。現場を知っている側からすれば、知りもしない奴に言われたくない、と思われるかもしれません。

しかし、本当にそうでしょうか？　当然細かな馬の性格や馬具のことなどは内部の人間には敵わない。しかし、客観的事実に基づいた分析は、むしろ現場を知らない方がフラットな目で見られることも多いのではないでしょうか。これは競馬に限らないことですが、現場を知ること、あるいは実績を積むことが必ずしも物事を正確に把握するためにプラスに作用するとは限りません。むしろ主観が入ってしまい客観性がなくなってしまう。競馬予想で大事なのは比較検討ですから、逆に現場を知り過ぎるとマイナスになるケースすらあります。現場に近づくことは、客観性を失うことと同義なのです。競馬予想でも、「内部を知る関係者情報」が意外とアテにはならないことを私たちは痛いほど知っているはずです。

②について、いわゆる〝競馬サークル〟と表現されるように、競馬は狭い世界です。とりわけ日本の競馬では騎手とマスコミの関係性が近く、記者は担当厩舎や仲良くしている騎手などがいて、ときには宴席を共にし、そこで得た情報を記事にすることもあります。あるいは記者は騎手のエージェント（騎乗依頼仲介者）を務め、騎乗馬の手配をして騎手の収入の一部を得ています。

それ自体はルールに則ったことなので問題はありませんが、お互いがある種共通の利害関係にある中で、記者が騎手の能力や特徴を冷静にジャッジできるでしょうか？　普通に考えれば心証が悪くなることを書けるはずがありません。ましてや同調圧力の強い日本社会です。下手なことを書けば、「取材拒否」やそれに近い強権発動をされることもあり、取材に支障をきたさないとも限りません。

このことについては、2020年にも来日し多くの勝利を挙げたオイシン・マーフィー騎手も日本と母国イギリスのメディアの違いについて、

「イギリスではひとつひとつの質問に丁寧に答える必要がある」

と話しています。日本では良くも悪くも記者と騎手、両者が近い。そりゃ、騎手のネガティブな情報などは出てきません。

しかし、現実には長年第一線で活躍をしていても、目を覆うほどの無気力な騎乗やミスも多くあるのが騎手の世界です。もちろん、500キロにもなる馬をコントロールすることは容易ではないですし、そもそもひとつのレースでミスなく騎乗すること自体がレアケースですから、それ自体をどうこう言うつもりはありません。ただし、騎手の一挙手一投足をフラットに見ることは予想をする上で重要にもかかわらず、その重要度の割にまったく研究が進んでいない。その大きな背景として、以上の2点があるということはご理解いただけるはずです。

私は中学の時にネット上での予想公開をはじめ、今から16年前にブログを開設しました。8年前にはメルマガもスタートさせそれなりの期間予想をしていますが、関係者との交友はほぼありませ

んし、できる限り馬券を買うひとりのファンとしての立場を大事にしてきました。したがって、一切の忖度なしに書くことができます。

何より予想をする上で騎手の重要度を上げてから、前述通り飛躍的に馬券成績が向上しました。馬に乗ったことすらないのに…です。

いや、これについては正確に申し上げると一度だけあります。あれは今から25年前の夏でした。小学校6年の私は、家族でニュージーランドを訪れ、かの地で乗馬体験をしたのです。当時は競馬に興味すらなく、かろうじてナリタブライアンの名前を知るくらいでしたから、500キロにもなる競走馬に騎乗した記憶もただただ怖いという以外ありませんでした。情けないながら高所恐怖症の私は、馬上の景色が怖かったのです。いわば、そのトラウマのような経験をして以降、馬を間近で見ることこそあれ、乗ったことはなく、また乗ってみたいと思ったこともほとんどありません。乗馬にお金を使うくらいなら、そのお金を馬券に使いたい…まぁ、褒められた考えではないですし、なんとロマンのない男なのかと思われるかもしれませんが、事実なので仕方ないことです。

そんな私ですが、騎手の特徴を掴む上で、乗馬経験がないことが不利に思えたことは一度もありません。馬券に限れば、中途半端に現場を知るよりも、前述のような人間関係の理由も含め馬と距離を置いた方が有利だとすら思います。騎手を知る…本書のタイトルに倣えば「取り扱い方」を知ることにより、巷であまり上手くないといわれている騎手で儲けることも多々ありますし、逆に上手いといわれている騎手の弱点に気づき、軽視することで高配当にありつけることもあります。

誤解のないようお伝えしておきますが、乗馬経験や現場を知ることは意味がないわけではないです。

ただ、馬券に生かす…という意味ではさほど必要はありません。むしろ、前述のように知ってしまうことにより客観的に見られなくなる弊害すらあります。

したがって、本書をお読みのあなたも、仮に馬に乗ったこともない素人でも、関係者の知り合いなどいなくても、それ自体は何ら問題ありませんし一切不利ではありません。競馬予想における内部情報の価値というのはその程度のものですから、むしろ客観性という点では有利とすら言えます。

本書では、全レースのＶＴＲチェックを欠かさず行っている私が、ＪＲＡに所属するすべての騎手、さらに近年活躍が目覚ましい短期免許で来日する海外ジョッキーまで徹底的に調べ上げ、特徴を分析し、余すことなく網羅、さらに予想に生かす方法を提案したいと思います。その中で少々辛辣な表現も出てきますが、あくまでもこれは「馬券」というゲームを楽しむための分析です。どんな騎手であれ、現場で命を懸けて騎乗していることはかわりません。そのことへの尊敬の念を持ちつつ、あくまでも馬券を買う上でシビアに分析する、そんな気持ちで書きたいと考えています。

２０２０年3月　ＴＡＲＯ

各種メディアでの発言も騎手を知る参考になる
性格と騎乗ぶりは割と一致する
走るのは馬、でも走らすのは騎手

第1章

第2章 脇を固める40人の取扱説明書

第3章　その他の騎手たちの取扱説明書

序章

競馬に勝つための、騎手との向き合い方

騎手研究のキッカケは福永騎手

冒頭から馬に乗ったこともないのに偉そうに語ってしまいました。もしかしたら、なんて不遜な野郎だ、と思われたかもしれません。しかしながら、私は恐らくかなり上品な部類のファンだと自認しています。騎手の悪口を言うことも、罵詈雑言をネットに書くこともありません。無気力騎乗に関してはさすがに怒りをぶつけるかもしれませんが、そうではないミスや技術的な不足から来る失態に関しては「それも競馬」と割り切っています。仮に買っていた馬に下手に乗られたところで、日々騎手を研究しているので、「自分の研究が足りなかった」と思うわけです。

本書を手に取るような方ならご存じかと思いますが、競馬場やWINSで、ファンのヤリ玉に挙げられるのは常に騎手です。ココでは書けないような酷いヤジすら耳にすることがあります。確かにファンはお金を賭けているわけですから、怠慢な騎乗は非難をされるべきですが、一方、馬という思い通りに動かない動物にまたがる以上は仕方ないことですし、そもそもレースを観ていればわかりますが、不利なくゴールまで辿り着ける、騎手の思い通りに走れる馬など1レースの中で半分もいないのです。ただ、馬には言葉が通じない、調教師は目の前にはいないし、仮にいたとしても割と権威を身にまとっており、場合によっては年齢も上で言いづらい…ならば目の前にいるし、小柄だし言いやすい騎手に文句を言ってしまえ！　ということなのでしょう。つまり、騎手は常にファンの目の敵、もっと露骨に言えばストレスのはけ口にされる実に辛い立場なのです。

そもそも、私が騎手の研究をするキッカケになったのは、今や押しも押されぬJRAのトップジョッキーである福永祐一騎手です。福永騎手は通算2000勝以上を挙げ、一昨年には日本ダービーを制した現役屈指の名ジョッキーです。メディアへの露出も多く、今や競馬以外のファンにも広く知られる存在です。しかしながら、どうにもその実力の割にはファンにヤジられることが多く、ネットを中心に非難の対象となることが多い印象があります。

私は同騎手の初GI制覇となった1999年の桜花

18年の日本ダービーをワグネリアンで優勝し、ダービージョッキーの仲間入りを果たした福永祐一騎手。何かとファンのヤリ玉に挙げられるが紛れもなく超一流の一人だ。

賞・プリモディーネの騎乗に感動し、それ以来現在に至るまで20年余りの期間、ずっと応援し続けてきました。実際馬券の相性も良く、やはり人間ですから、お金をもたらしてくれるとなればますます好きになったのは言うまでもありません。

だからこそ、どうにも福永騎手の状況が不憫に思えました。毎年１００勝以上を達成しＪＲＡの中でも屈指の技術を持つジョッキーが、なぜかちょっとしたミスを叩かれる。もちろん、私のように夏は空調の効いた室内で、冬は暖房の効いた部屋で観ているただのファンと違い、勝負の世界で戦い続けてきた当の福永騎手はそのようなことをまったく気にすらしていないかもしれませんが、馬券が外れた腹いせのような小汚いヤジは誰に対してであっても気持ちの良いものではありません。

一方で福永騎手がそのような対象になる理由も実はわかっていました。これはおおざっぱなイメージですが、福永騎手はわかりやすくファイティングスピリットが見えるタイプではない。見方によっては消極的に見えるわけです。

象徴的なのは２０１８年のチャンピオンズカップでし

ょうか。この時に同騎手が騎乗していたのは2番人気のケイティブレイブ。前走のＪＢＣクラシックでは中団から抜け出す競馬で勝利を挙げ、福永騎手とはＧⅠ級レースを3勝している名コンビでした。

ただ、この日のチャンピオンズカップでは全く見せ場を作れず11着に敗れてしまいます。太めの影響があったのかもしれませんが、終始消極的に映る競馬で期待していたファンからすれば物足りないものだったのかもしれません。

とはいえ、福永騎手はもともと馬の気持ちを重視するタイプで、負荷をかけない騎乗が特徴のジョッキーです。馬の気分を害してまで位置を取りに行くことは基本的にしません。ですから、私もこの日のケイティブレイブには期待はしていたものの、負けても仕方ないなとすぐに切り替えることができました。しかし、一部のファンはそうはいきません。福永騎手はもっと積極的に、勝ちに行く競馬をするべきだとイラ立ちを感じるわけです。過去20数年間、そういった競馬をほとんどしてこなかった騎手にも関わらず…。

騎手の悪口を書いている暇があったら特徴を知る努力をするべき

馬券を買う以上、ファンは騎手に期待します。しかし、勝手に願望を騎手に託したところで、相手も人間ですから、それまでやっていないことを突如としてできるわけではありません。騎手には騎手の事情があり、スタイルがあり、技術があり、こだわりがあるわけです。競馬学校に入学した10代半ばか、あるいはその前から馬に携わってきた人の考えですから、我々がその日に使った少々のお金のことでどうこういうのは、そもそも筋違い。馬券を買う側はそこを理解した上で買うべきなのです。

これは別に騎手が偉いといっているわけではありません。騎手が素晴らしくて、持ち上げたいわけでもない。そうではなくて、冷たい言い方をすれば騎手は我々のほとんどにとって家族でもなければ友達でもないのだから、少なくとも馬券を買う上ではもっと冷静に見るべきだということです。

実際のところ、騎手に非難を浴びせるようなファンはほぼ勝てていません。馬券で勝っている余裕のあるファンは、そういう下品なことはしないでしょう。ですから、騎手に小汚い言葉を現地やネットで浴びせている人たちは、自らが馬券ベタで儲かっていないという自己紹介を大声でしているようなものです。

なぜそのようなことが起こるのか？　それは、何より騎手を理解していないために起こるものです。

「お金を賭けた馬が思い通りに走ってくれない」

「騎手が自分の思いと異なる騎乗をしたのが悪い、フザケンナ！」

このようなことですね。しかし、これはみっともない。一体騎手に何を期待しているのでしょうか？　大事なことは騎手を知ること、そして馬券に生かすことです。予想において騎手に過度な期待や注文をし、勝手に思いを乗せ思い通りにいかないときに文句を言う、まるで付き合えるわけがないアイドルが振り向いてくれないから嫌がらせをするようなものです。騎手には騎手の立場があり、家族があり、また我々にはわからない陣営からのオーダー（指示）もある。こればかりは馬券を買う立場でどうこうできる問題ではありませんし、どうこうしようとする方がおかしい。お金を払って馬券を買っているから、文句を言う権利があると思ったら大間違いですし、何よりそのような行為は的中からどんどんと我々を遠ざけて行きます。

それこそ自分の思い通りに乗ってほしいなら、お金を稼いで馬主の資格を取り、自分の馬を持てば良いのです。そうすれば騎手に指示を出すことも可能でしょう。まさにリアルダビスタですね。

しかし、そうでもない以上、我々のできることは限られています。だから、騎手には期待しないのです。期待するよりも、騎手を知ることが何より重要なのです。

前に行くも外を回すも、すべては騎手の判断次第

知るとはどういうことか？　例えば、騎手にはクセがあります。人間ですから、やっぱり性格やポリシーが騎乗に表れるわけです。

具体的に言えば前に行きたがる騎手（例えば和田騎手や藤岡佑介騎手、石橋騎手のような強気なタイプ）もいれば、逆にできれば前に行かず、脚を溜めるタイプ（パッと例を挙げるならば柴田善騎手や秋山騎手）もいるということです。

にもかかわらず、例えば柴田善騎手が差し馬に騎乗しているのに、積極的な競馬を期待する…これは少々無茶なことです。普段はそんなことをしていない騎手が、自分が買った時だけ思うように騎乗するわけがない。騎手が飲食店だとしたら「そのような騎乗は取り扱っておりません」ということです。馬券を買ったときだけ勝手に期待されても困ります。

しかし、競馬では往々にしてこういうことが起こる。なぜなら、例えば飲食店なら焼肉屋には「焼肉」と、おでん屋には「おでん」と書いてありますが、騎手には「先行が好きです」とか、「馬群は突きたくないので外を回します」とかは書いていないためです。だから自分で知るしかないのです。

騎手とファンの立場は異なります。ファンは大事なお金をレースに馬券として賭けるわけですが、騎手はレース自体が仕事です。毎週末、あるいは平日も馬に乗り、スタッフとの人間関係、指示などもある中で騎乗しているわけです。そのような状況下でどうしてひとりの馬券を買ったファンの願望通りに乗ってくれると思うのでしょうか。

別に騎手の悪口を言うなと、そこまで上品になれというわけではありません。ただ、そんなことでスッキリしたところで、一時的に腹いせをしたところで一円にもならない。儲けにならないどころか、むしろストレスを溜め込み負のスパイラルができていく。イライラはギャンブルにとってもっとも避けるべきもの、なぜなら冷静な判断ができなくなるからです。

だとしたら、なぜそんなムダな、みっともなくて何の利益にもならないことをするのか。騎手に勝手な期待や願望を託すのをやめて、騎手のことを知るべきです。結局、内を突くも外を回すもすべては騎手次第。もっと言えば上手いか下手かも、我々にはどうにもできないことです。オフの日に六本木のキャバクラに行って豪遊するのも、あるいは坂井瑠星騎手のように「遊んでいる暇はない」とレースのＶＴＲを見直すも、それはもうどちらが良いとか悪いとかではなく騎手次第。それならば馬券を買う側の我々ももう少し気持ちを抑えて、変な期待はせずフラットに見る…それが正しい距離感であり付き合い方、ひいては馬券にも繋がる考えだと思うのです。そういう意味で、騎手を知ることは、馬券を買う上でのストレスをなくすことでもあります。

陣営ですら騎手の特徴を把握できていない

実は、競走馬を預かる陣営側も騎手の特徴を把握しているとは言い難いケースがあります。2019年の秋競馬ではこんなことがありました。

前述の柴田善騎手を例にしますが、その日、中山競馬場でテン乗り（＝初騎乗）となる一頭の馬に騎乗していました。その際の陣営のコメントは以下の通りでした。

「前走は控え過ぎた。流れに乗れれば」

つまり、先行策をすれば巻き返しの余地があることを示唆していたのです。しかしながら、だとすると柴田善騎手を起用したことはミスマッチとしか思えませんでした。柴田善騎手は特に大ベテランの域になった今、基本的に無茶な騎乗をしません。そんな特徴の騎手を乗せておいて前走で後方から運んだ馬で先行策を…というのは無理があります。指示を出せば良いと思われるかもしれませんが、そもそもこの例でいうとその調教師より柴田善騎手の方が年上でした。もちろん立場が異なるとはいえ、その調教師は元ジョッキーながら、騎手としての実績は柴田善騎手が圧倒的に格上。キャリア30年を超える大ベテラン騎手にそうそう指示を出せるとも思えませんでした。

案の定、レースではむしろ柴田善騎手らしく近走以上に後ろの位置取りとなり、4コーナーでも10番手。とても陣営が意図したとは思えないレースぶりで、結果も近走の中ではもっとも奮わないものとなりました。いわば、陣営がしてほしい競馬をしてくれる騎手ではなかった＝ミスマッチが起こっていたのです。これは、ファンが騎手の特徴を把握せずに無茶な願望を押し付けるのと同じ構造です。

ちなみに、このレース後の某大手競馬ポータルサイトの掲示板におけるファンの反応を見ても、

「どこ回してんだよ」
「位置取りだめ」
「引退してほしい」

と、散々なものでした（余談ですが、掲示板のファンの怒りの反応は不利などを見つけるのに役立つこともあります。笑）。

ちなみに陣営の名誉のためにお伝えしておくと、この馬は次走で関東の若手で積極策が持ち味の横山和生騎手に乗り替わり3着と好走。その後も積極策で連続して穴をあけたことからも、陣営の馬に対する見立ては正しかったといえます。ただ、この時ばかりは陣営がしたかった競馬をする上でフィットする騎手ではなかったということです。すぐに乗り替わったのを見ても、恐らく陣営としても不本意な騎乗だったのではないでしょうか。

ヨシトミ先生の取扱説明書

ちなみにヨシトミ先生…として愛されている柴田善騎手ですが、同騎手を知るには、大まかに以下の2点が重要です。

①控えることが多い
②外を回すことが多い

正直、上手いか下手かはわかりません。30年以上のキャリアがある大ベテラン騎手ですから下手なわけがないのですが、そもそも上手いか下手かは馬券を買う上ではどちらでも良いことです。大事なのは知ることです。

柴田善騎手自身、今は馬に乗るのが楽しいと語っており、十分過ぎるほどの実績も積み上げてきていますから、現在の騎乗はあまり無茶をしない。これを知らないと、前述の馬で控えた時のように地雷を踏むことになります。

さて、そんな柴田善騎手…いや、私は大好きなので愛を込めてヨシトミ先生と呼びますが、同騎手で儲け

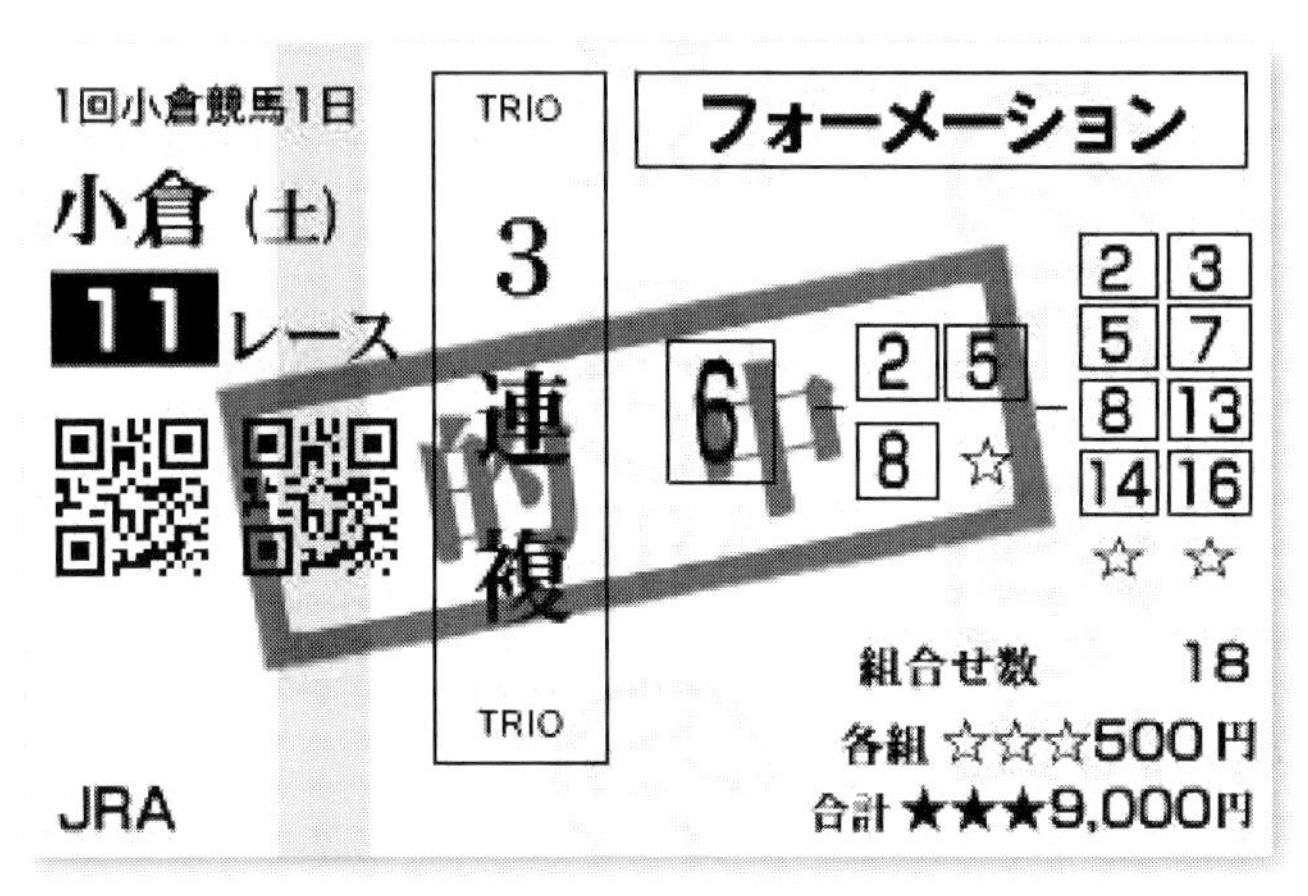

2020年愛知杯。9番人気の⑤デンコウアンジュが見事なイン強襲を決めて1着。柴田善臣騎手の特徴と馬の特性がバッチリとハマった勝利だった。3連複③⑤⑥は91350円。

ることができた例を一つ挙げます。デンコウアンジュという馬とのコンビで挑んだ２０２０年の愛知杯です。デンコウアンジュは過去のレースを見ても前半はゆっくり脚を溜めた方が良い馬ですから、実は柴田善騎手が騎乗した当初から間違いなく相性が良いと考えていました。２０１８年のターコイズＳで初コンビとなり、そのときは穴で推奨しただけで馬券は獲れませんでしたが、いきなり13番人気で3着と健闘。さらに２０１９年の福島牝馬Ｓでも騎乗、その際は予想上でも本命にしていました。結果は4番人気で勝利。その後もコンビを続けて、迎えたのが２０２０年の愛知杯です。

　このときは近走の不振により9番人気まで支持を落としていましたが、芝２０００ｍの内枠は絶好のように思えました。というのも、柴田善騎手はどうしても外に出したがるため、内枠で外に出せない方が脚が溜まるケースが多々あります。しかもこの日の愛知杯は開幕週の土曜日。開幕週の芝は内の方が有利なケースが多く、この日は前年夏以来の開催だったので、天気は悪くてもインが良く、内枠で外に出せないくらいがちょうど良いと考えたのです。

するとレースでは思惑通り馬群で上手く脚を溜めて、直線だけ少し外に出して伸びてきました。最後は、本命にしていた◎アルメリアブルームとの叩き合いを制し勝利。3着にも人気薄のレイホーロマンスが突っ込んだことにより3連複は9万馬券。少し遅れたお年玉をもたらしてくれたレースでしたが、デンコウアンジュを強めにプッシュできたのは間違いなく柴田善騎手との相性、そして同騎手の特徴を見抜いていたからです。

この時は私がお送りした予想でデンコウアンジュは4番手評価でした。買い方は、本命馬からの3連複で、相手候補であるフォーメーションの2列目に2・3・4番手の馬を入れていたので、もしひとつでも評価を下げていれば大幅に儲けは減っていたことになります。一人の騎手の特徴と、さらに馬との相性を見抜けたか見抜けなかったか、たったそのことだけで、何万、何十万も払い戻しが変わるのはよくあることです。いわば、柴田善騎手の「取り扱い方法」を理解していたからこその大きな的中だったのです。

上手いか下手かなんてどっちでもいい

さて、なぜいきなりヨシトミ先生の例を最初に持ってきたのかということを説明しなくてはいけません。柴田善騎手といえば実績こそ豊富ですが、近年は騎乗数も減っており、直近3年は16→7→16勝と目立つ成績は残していません。

ですが、決して都合よく的中例を無理やり引っ張ってきたわけではありません。何が言いたいかというと、先ほどもお伝えした通り、騎手が上手いか下手か、あるいは年間何勝しているか、リーディングが何位かというようなことは、馬券を買う上ではそこまで重要ではないということです。何度も言いますが、大事なのは騎手を知ることです。

これは極論ですが、もしものすごく毎回下手な騎手がいたら、それは馬券的には貴重な存在です。毎回安定して馬の力を出せないのですから、万が一にも人気馬に騎乗した場合は高確率で飛んでくれるからです。

実際のところこれはあまり大きな声では言えませんが、

私の手元には、

「××××騎手リスト」

があります。これらの騎手が人気馬に乗ってきたら、それだけで疑うことにしているわけです。

　例えば、関東のある中堅ジョッキーは２０１９年、１～3番人気の有力馬に合計31回騎乗していますが、たったの2勝しか挙げられませんでした。2着が8回あるとはいえ、それでも全体の平均値からすれば相当低い数字です。まして、騎手で人気するほどの存在ではないですから、この騎手が騎乗して人気になるというのはそれなりに強い馬です。ですが、勝つことができない。これは紛れもなく技術的に未熟、上手くはないということです。

　もしこの騎手が人気馬に乗ってきた際に単勝をドカンと買うとしたら、それはもはや買う方が悪いと思えないでしょうか？　もし買ってしまい下手乗りをして飛んでしまったことに文句を言うとしても、それは仕方ないとしか思えません。

　世界的に有名な投資家であるウォーレン・バフェット氏は、

「知らないことが一番のリスクである」

という名言を残していますが、これは騎手に関しても同じなのです。

　かくいう私も、かつては同じような失敗を繰り返していました。5年以上も前になりますが、新潟の直線競馬で、今は引退し若くして調教師になった関東のある騎手が騎乗していた馬に本命を打ったのですが、まったく見せ場なく敗れてしまいました。あまりに情けない内容に怒りと悲しみで途方に暮れていると、予想を読んだ読者の方から、

「TAROさんは騎手の能力を考えないのですか？」

とさらに追い打ちをかけるような痛い言葉を頂いたのです。でも、冷静に考えればその通り。今なら同じことはしないですが、騎手を意識するキッカケになるできごとでした。

少々話が脇道にそれたので元に戻しますが、逆に下手な騎手が人気馬に乗ってきたレースで、予想通り飛んでくれたら、むしろ安定した下手さに感謝することになります。上手い下手ではなくて知ることが大事というのは、こういうことです。騎手を知ることを極めて行くと、下手な騎手であってもイライラすることはなく、むしろ感謝できるのです。知らないというのはそれほど恐ろしいことだとわかるでしょう。逆に言えば騎手を知ることは、先ほども申し上げた通り、競馬を続ける上でのストレス軽減になる、つまり精神衛生上も騎手を知るべきなのです。

ちなみに先ほど例に挙げた関東の中堅騎手が3番人気以内で騎乗した馬に、次走別の騎手が騎乗したケースは10回ありましたが、なんと4勝2着3回という好成績を残しています。下手な騎手のダメな騎乗にイラついている場合ではないことがわかるでしょう。むしろ、大いに利用して馬券に繋げ、感謝しましょう。ルメールや武豊騎手のような名人ばかりでは面白くないじゃないですか。

騎手を真剣に論じると好感度が下がる問題

ところで、実は前述の関東の中堅騎手が昨年のグリーンチャンネルの番組で取り上げられているのを見たことがあります。

爽やかなルックスに加えて、デビューまで減量に苦労してやっとの思いで騎手になったこと、オフの日には街に繰り出してスイーツを食べることなどを楽しそうに語っていました。ココで書いていても、見ていて微笑ましくなるようなエピソードの数々なのです。

何が言いたいかおわかりでしょうか？　騎手を取材する立場、あるいは騎手に近い立場になると、どんなに技術不足であっても、騎手の悪いことなど書けなくなってしまうのです。人間はどうしても情に流されますから、もしリアルにこの騎手と付き合いがあれば、人気馬を持って来れないなどと書くことは気が引けます。実際、本書を書くにあたり確認もあって改めて録画してあったその番組を観たのですが、どうにも観た直後はキーボードを叩く手が止まってしまいました（が、それでもやはり付度なしと銘打っている以上書きます）。

繰り返しになりますが、その他のことに比べて、騎手の研究が進まないのはこういった事情があります。命を懸けて乗っている騎手に対して、素人が偉そうにヘタクソとは何事だ、そういわれたらそりゃ何も言えませんし、こちらの好感度はダダ下がりです。

それでも、私は予想をする立場です。大切な読者に少なくないお金を払って読んで頂いている限りは、好感度が下がろうが、騎手に最低限のリスペクトを持った上で書かなくてはならないと考えています。

巧拙よりもオッズに織り込まれているかどうかを考える

上手い下手、いわば巧拙よりも大事なことがあります。それは、「オッズに織り込まれているかどうか」です。例えば昨年、ニシノデイジーに騎乗したものの結果を出せず、最終的には降板の憂き目にあった勝浦騎手。同騎手が上手いかどうかはともかくとして、ニシノデイジーの一件もあってか、株価に例えるならば、勝浦株はストップ安状態になりました。しかしながら、結果として実力以上に人気薄で買えるケースが増え、最近はむしろ穴で儲かる騎手になっています。詳細は後述する勝浦騎手の個別の取扱説明書をご覧いただきたいですが、ニシノデイジーで散々なイメージがあった2019年ですら、単複の回収率は平均を超えており、2020年に至ってはベタ買いでも複勝はプラスを計上しているのです。

今は外国人騎手全盛期ですから、騎手もイメージが先行しがちです。上手いと思われている騎手が乗ればなんでもかんでも人気しますし、逆もまた然り。

騎手で馬券を買う上で特徴を知るのはもちろん大事ですが、オッズも大事ということです。例えば、外国人騎手は基本的に馬券がよく売れるし実際に上手いことも多いのですが、そうでないケースもあります。2020年に来日しているフォーリー騎手などは、人気馬に多数騎乗しているものの、結果は全く出せず、第2回開催が終了した時点で3番人気以内に24回騎乗しわずか3勝、勝率8・3％、単勝回収率37％という散々な成績となっています。いわば、「過剰に外国人騎手ブランドが織り込まれている」状態だったわけです。このパターンでは嫌ってこそ妙味が出てきます。その他の騎手を見ても決して外国人騎手＝買いというわけではなく、ミナリク騎手にも現状なぜ良い馬が集まるのかイマイチ理解できません。

低迷する日本人騎手も、名前をカタカナにすれば良いのでは…と半分冗談ですがそんなことを思わざるを得ません。もちろん馬券を買う立場からすれば冷静に、外国人騎手は売れる分弱点を見つけてやろうというような、少々天邪鬼な考え方も大事になります。

一人の騎手を知れば馬券は勝てる

前述の騎手の例と類似した話になりますが、得意騎手を作る…という意識も大事になります。そこで、提案したいのは、

「一人の騎手を知れば馬券は勝てる」

ということです。私が尊敬する亀谷敬正氏の格言「一頭の種牡馬を覚えるだけでも馬券は勝てる」の騎手版といったところでしょうか。

というのも正直なところＪＲＡだけで１５０人ほどのジョッキーが所属するわけですから、すべての騎手の特徴を把握することは、カンタンなことではない。本書を書いている私でさえ、やはり完全に把握できている騎手と、イマイチピンと来ない騎手がいるのは隠しようのない事実です。

ですが、どのレースをどのタイミングで買うか、どの騎手を買うかの選択はすべて我々にゆだねられているのが競馬の良いところです。だからこそ、得意な騎手、特徴がわかる騎手を作るという意識も大事です。いわば「得意騎手」を作るわけです。一人でも得意騎手のような存在がいれば、その騎手を起点に予想することができる。その存在がまた一人二人と増えて行けば、それだけ各馬がどう乗られるかがわかるようになり、予想をする上でも大いなるアドバンテージを持つことができるはずです。

馬や騎手にも得意条件があるように、我々ファンも得意騎手、どう乗るか特徴を掴めている騎手を作るのが大

事というわけです。

丸田恭介という隠れた名手

ここでは、一人、私のマイジョッキーともいえる得意騎手をご紹介したいと思います。この騎手に関しては、騎乗ぶりも手に取るようにわかるし予想できるという存在です。それは、関東の丸田恭介騎手です。丸田騎手は近年、年間だいたい20勝前後という目立つ存在ではありませんが、その騎乗スタイルは非常に特徴的で、個人的には非常にわかりやすい。したがって、馬券を買う上では本当に頼りになります。

丸田騎手の一番の特徴は、「脚を溜めるのが上手い」ということ。いわば、逃げ先行よりも差し追い込みが圧倒的に多いのです。普通競馬は先行有利ですから、前に行く方が穴をあけやすいものですが、丸田騎手の場合はむしろ馬のリズムを重視して差す競馬を好みます。

最近の中で印象深いのは２０１８年の七夕賞でしょうか。このとき、丸田騎手が騎乗していたのは11番人気のメドウラーク。単勝は１００倍超のド人気薄でしたが、道中は上手く脚を溜めるとタフで外差しが届く馬場を味方に鮮やかな差し切りを決めました。この時本命にした根拠の半分くらいは騎手でしたが、やはり丸田スタイルとも呼べる騎乗を完全に手のうちに入れていたからです。

もし余裕がある方は前述のメドウラークが勝った２０１８年の七夕賞と、同じく丸田騎手が騎乗し同騎手にとっての重賞初制覇となった２０１０年の福島記念でのダンスインザモアの騎乗ぶりをチェックしてみて下さい。同じ福島芝２０００ｍのレースで、ほぼ同じような騎乗をしていることがわかると思います。

ちなみに丸田騎手でいえば、２０１9年秋の福島で勝利したシルバーストーンや、２０２0年2月現在で本年唯一の勝利である八代特別のシルヴェーヌも本命にしていましたし、シルクロードＳで8番人気ながら3着に突っ込んで来るナランフレグも高評価をして馬券的中に繋げることができました。

もちろん消極性ゆえに他のレースではヘグっていることもあるのかもしれませんが、それはそれで読みやすい。私自身は丸田スタイルをほぼ把握できているつもりなの

東京スポーツ杯2歳ステークスこそコントレイルで優勝したが、19年秋のR.ムーア騎手は全体的には不調で人気妙味は全くなかった。

で、常に理想に近い形で騎乗してくれる頼もしいジョッキーです。得意騎手を作ることは馬券的中、そして回収率アップに大いに貢献してくれるわけです。

世界的名手ムーアですら2019年は不振だった

今の騎手を語る上で、欠かすことのできないトピックが、先ほど少し取り上げた外国人騎手です。現在は日本人扱いとなりましたが、ルメール騎手とデムーロ騎手はすっかりおなじみになりましたし、それ以外も常に短期免許で来日している騎手が何人もいるのが現在の日本競馬です。そして、多くの騎手はだいたいが有力馬に騎乗し、一般的には上手いと思われています。実際、人気を集めることも多くあります。もはや横文字なら何でも人気するのではないかと感じるほどです。

しかしながら、前述のフォーリー騎手もそうですが、外国人騎手だからといってすべてが上手いとは限りません。確かに近年来日する外国人騎手は基本的に各国、各地域で上位の成績を残してきた騎手だけです。ルール上、上位の騎手しか来られなくなっているためです。

ただ、プロ野球でもメジャーリーグで活躍した選手が日本でも同様に活躍するとは限らないように、外国で上位の騎手が日本でも活躍するとは限りません。海外には海外の競馬が、日本には日本の競馬があるわけで、それぞれで求められるモノは異なります。どこで乗っても上手い（例えばジョアン・モレイラのような）騎手はいますが、むしろ稀です。どれほど技術があっても日本の競馬にフィットできなければ良い成績は残せません。それどころかネームバリューで人気を集めるならば、たちまち危険な人気馬となります。

２０１９年の秋でいえばデットーリ騎手の来日が大きな話題をさらいましたが、それ以外にもライアン・ムーア騎手、クリストフ・スミヨン騎手など、海外のビッグネームが挙って日本競馬に参戦しました。これはサッカーでいえば、メッシやクリスティアーノ・ロナウドが、あるいはゴルフならばタイガーウッズやロリー・マキロイが来日するようなものです。どれだけ凄いことなのかおわかりでしょう。

ただ、これらの騎手の馬券を買えば儲かったかといえばそんなことはありません。例えば昨年のムーア騎手を買い続けた場合、57戦して6勝、単勝回収率はわずか26％しかありませんでした。

これはどういうことかというと、１０００円買ったら平均して２６０円になるということです。いわば、大赤字です。

世界的な名手ですらこんな散々な結果になるのはなぜでしょうか？　ひとつは単純に調子が悪かったか、あるいは巡り合わせもあるでしょう。もっと長期で滞在すればキッチリ帳尻を合わせてきたかもしれません。しかし、人気し過ぎという問題もあります。上手いとしてもそれ以上にオッズに反映されてしまっては、馬券を買う上でお得感はありません。

そしてやはり日本競馬への適性は重要です。テニスでいえばコートによる得意不得意がありますし、ゴルフでも飛ばし屋向きのコースや、技巧派向きのコース、レフティー向きのコースなど、様々な特徴があります。騎手も同様で、日本競馬に合うかどうかという問題は非常に大きく、そういう意味で騎手の能力は絶対的なものではなく、国やコースによって変化するわけです。

一般的には外国人騎手が上手いと思われていますが、騎手のことを知らずに何となく買っていると、大損をしてしまうケースも多々あります。

馬が走るかどうかは騎手との相性次第

騎手と馬には相性があります。柴田善騎手とのコンビで活躍するデンコウアンジュのことを書きましたが、やはりどんな馬でも向き不向きがある。西浦厩舎に所属するデザートストームという馬がいます。派手な追い込みタイプで、個人的にとても好きな馬なのですが、同馬の騎手別成績の内訳（の一部）は以下の通りです。

▼藤岡康太（4―1―1―1）
▼武豊（1―1―0―0）
▼デムーロ&ルメール&川田（0―0―0―3）

ご覧の通りデムーロ&ルメールや川田騎手といったトップジョッキーでは結果が出ていない一方、藤岡康太騎手とは抜群の相性の良さを誇ります。馬の成長と騎乗時期がフィットしたことなど別の要因もあるにせよ、レースぶりを見ていても藤岡康太騎手のじっくり溜めるスタイルが合っている印象があります。また同様に、馬のリズムを重視することに関しては世界でもトップクラスの武豊騎手とは手が合います。

結果だけでなく内容を見てもこの相性の良さには納得がいきます。デザートストームは過去に上がり最速を6回マークしていますが、そのうち3回が藤岡康太騎手、2回が武豊騎手、残る1回は浜中騎手が騎乗した際です。（先行志向の）川田騎手が騎乗した時は積極的に気合を付けてスタートから出して行きましたが、直線は伸び切れず。この馬には溜めるスタイルが合っているわけです。

騎手の能力も決して絶対的なものではなく、名手だからといってどの馬の良さも引き出せるということはありません。むしろ、馬と騎手との相性次第ということがわかると思います。余談ながらデザートストームは既に6歳ですが、オープンや重賞でも勝ち負けできる能力の持ち主だと思っているので、復帰を待ちたいところです。

馬券を買う際には、相性の合う騎手が騎乗しているかど

19年の東京大賞典をオメガパフュームで優勝したM.デムーロ騎手。同騎手のキャラクター通りの、外からの鮮やかな差し切りだった。

うかもチェックしてみてください。

騎手の特徴を知る上でデータだけでは万能でない理由

騎手を知ることが大事というお話を再三にわたり繰り返してきましたが、それでは、騎手の特徴を掴むのにはどうすれば良いのでしょうか？

もっともシンプルな方法はデータを調べることでしょう。今はソフトを使えばすぐに調べることができますし、騎手分析はブルーオーシャンと冒頭で触れましたが、データ本は書店にも並んでいます。

もっとも、データには使えるものと使えないものがある。騎手ごとの枠順傾向などは、カンタンに調べればわかる上に、得手不得手を知る上でも割と参考になるかもしれません。例えばデムーロ騎手はＪＲＡ移籍後に日本のＧⅠを20勝していますが、そのうち7～8枠での勝利が11回あり、逆に1枠では6回騎乗し、すべて4番人気以内ながらまだ勝っていません。そう考えて映像を思い浮かべると、確かにデムーロ騎手がＧⅠを勝つときは外から伸びて来るシーンが多いことに気づくでしょう。２０１９年でいえばラヴズオンリーユーはオークスを外から差し切り。アドマイヤマーズとのコンビでも朝日杯ＦＳでは好位から押し切りましたが、ＮＨＫマイルＣは外からの差しでした。また、大井が舞台ではありますがオメガパフュームもやはり常に外からの差し、もう少しさかのぼってもレッドファルクス、ジュエラー、ペルシアンナイト、サトノクラウン、ドゥラメンテなど、やはり外からの差しやマクリのシーンが目に浮かぶはずです。データを見ても明らかに外枠の方が成績が良いジョッキーです。

前に行くか後ろに行くといった戦略、脚質の傾向もデータを見るとわかります。得意ジョッキーとしてご紹介した丸田騎手などは、データで見てもほとんど逃げることがない騎手です。逆に積極策を好む石橋騎手と比べてみましょう。

▼2019年以降の逃げ&先行率

石橋脩　逃げ　10・3%　先行　34・9%

丸田恭介　逃げ　1・6%　先行　14・4%

ご覧の通りココまで顕著に差が出ます。馬質の違いを考慮する必要はありますが、それでもこれは有意な差といえると思います。

他にも、例えば得意の競馬場やコース、芝が良いか、ダートが良いか、大きい馬が合うか、小柄な馬が合うかなど、データによって知ることができる騎手の特徴も少なくありません。ただ、同時にデータには穴があることも知っておかなくてはなりません。

例えば、極論ですがある条件下である騎手が単勝１００倍の馬を一度勝たせてしまえば、残りの90回はまったく勝たなくても、回収率は１００%を超えます。ただ、それだと真の意味でその騎手がその条件を得意かといえば微妙です。それならば回収率はトントンでも１００回のうち10倍の馬を10回持ってきている騎手の方が得意といえるでしょう。

例えば、柴田大知騎手は東京ダート２１００ｍで２０１７年以降５勝を挙げており、単複回収率も１００%を遥かに超えています。しかし、だから得意といえるかは微妙です。

というのも、5勝のうち3勝まではマイネルクラースとのコンビです。さらに、単勝121・9倍のマイネルアンファンとのコンビで勝利を挙げています。マイネルアンファンとの勝利ありの場合となしの場合の成績の見え方を以下で比較してみましょう。

▼柴田大騎手2017年以降の東京ダート2100m成績

単勝　252%　複勝　115%

▼マイネルアンファンを除くと…

単勝　55%　複勝　64%

これだけデータの見え方は異なるわけです。ちなみに同騎手は東京ダート2100mで1〜2番人気馬に5回騎乗し(0−1−1−3)と未勝利。もはや本当に東京ダート2100mが得意といえるか怪しくなります。

ここではその真偽がどうこうというよりも、数字というのはやはり数字でしかない。逆にいえば一見儲からない条件やジョッキーでも、特徴がわかっていればまったく問題なく儲かるケースもある。データは割とカンタンに嘘をつくし、見る角度によって白くも黒くも見えるわけです。あくまでも〝参考程度〟が正しい付き合い方です。

結局、多くのレースを観るしかない

データが完全ではないとすると、どうすれば良いのでしょうか?　極論ですが、たくさんのレースを観て、アナログに分析するしかありません。前述したデムーロ騎手のGⅠ勝利の傾向のように、アナログで感じたことをデータで確認するというイメージでしょうか。仮にデータでは出ていない傾向でも、アナログ視点で確信が持てることがあれば、それは特徴の一つになり得ます。

そして実は、このことがもしかすると騎手の研究が進まない最大の要因かもしれません。というのも、騎手の特徴を知るには結局のところマラソンランナーが走り込みをするように、レースを多く観続けるしかないのです。そして、記憶と記憶の点をつなぎ合わせて、自分なりの分析や共通点を見つけていくわけです。

特に穴馬を走らせたパターンは参考になります。穴馬が走るということは何がしかのアシストが必要なケースが多いですから、騎手の力がプラスαを与えているケースも多々あります。

また能力差が少ない上級条件での好走例も参考になります。下級条件だとそもそも馬の能力差があり過ぎて騎手の特徴が出る以前に馬の能力で勝敗が決まってしまう場合が多くありますが、上級条件ほどレベル差が拮抗している上に全馬の本気度が高く、騎手の腕の差や特徴が出やすい傾向があります。例えば売り出し中の坂井瑠星騎手は現時点で重賞3勝の活躍を見せていますが、ノーワンで制したフィリーズレビュー、ドレッドノータスで制した京都大賞典はいずれも馬群で溜めてインを突いており、この2つの記憶があれば、

「もしかしたら坂井騎手は内枠が得意なのでは？」

と、ある程度の〝当たり〟をつけることができる。ココで初めてデータを叩いてみて、果たしてそれが証明されるかどうか。証明されればそれはひとつの傾向なのでしょうし、仮にデータとしては出て来なくても、自分なりに見て行く中でインに入れる傾向やパターンがわかれば、それは立派な予想に役立つ特徴の分析になります。

特徴ある騎手といえば、かつてツインターボとのコンビでターフを沸かせた中舘騎手（現・調教師）は「逃げの中舘」と言われました。ですが、そこまでわかりやすい騎手は現在ではあまり多くありません。後述しますが、ズブい馬を動かすイメージからデカい馬の依頼が殺到する内田騎手や、直線競馬になると腕を発揮する西田騎手などごく一部です。だからこそつぶさにレース映像をチェックし、記憶を整理する必要があります。

もっとも、それはなかなか難しくて面倒くさそう、あるいは途方もない作業だと感じた方もいるかもしれません。でも、心配はいりません。なぜなら、あなたは本書をすでに手に取っているからです（笑）。

各種メディアでの発言も騎手を知る参考になる

また、実際のレース映像だけでなく、テレビのインタ

ビューやネットなど各種メディアでの記事や発言も参考になります。例えば近年は積極策での活躍が目立つ藤岡佑介騎手ですが、かつてはむしろ消極的な競馬が目立つジョッキーでした。クリンチャーやガンコなどで活躍し始めた2017〜2018年あたりから急激に積極策が増え、変化したと感じていましたが、netkeiba.comのコラムを読んで納得させられました。そこでは、

「積極的に乗って終いが甘くなって負けるのが嫌だった」

と語っており、その頃はラストを伸ばして負ける方が次に繋がると考えていたようです。海外での経験や、その後の大舞台での失敗などを糧に、少しずつ今のスタイルになっていったのだと思います。

私はネットが発達した今でも、スポーツ新聞を毎日2紙は必ず読んでいますし、騎手が出ている記事やメディアでのインタビュー、また専門チャンネルの番組も目を通すようにしています。そこでは意外な騎手のこだわりが見えたり、あるいは直接的に「逃げるのは好きじゃない」「スタートは得意」といった発言が出てくることも珍しくありません。

そういったヒントになる言葉を目にしたときは必ずメモして、馬券検討に役に立てるようにしています。決して取材する立場でなくても、メディアが発達した今は様々なヒントが転がっているのです。

性格と騎乗ぶりは割と一致する

騎手の性格も騎乗ぶりを知るためには役に立ちます。性格といっても我々一般人が実際の性格を知る機会はなかなかないですが、インタビューや見た目の印象などでも良いでしょう。強気に見える騎手はやはり強気に乗ることが多いですし、控えめなタイプの騎手はやはりレースでの騎乗も控えめなことが多いです。こんなことを書くと偏見だと思われるかもしれませんが、実際のところ人は見かけによるという面は大いにあると思いますし、あながち侮れない見方だと考えています。例えばスミヨン騎手は少しラフプレーが多いとか、そういったこともスミヨン騎手の風貌を見ると何となく想像がつきま

す（笑）。

田辺騎手はインタビューを見ていても一見トボけた感じに見えますが、実は理論的で気遣いができて、とても頭の回転が速いのがわかります。実際のレースでも頭脳プレーが多く、考えた騎乗をするのも納得できます。

加えて騎手はタテ社会ですから、例えば積極的な騎乗をするにも、ちょっと怖い先輩に遠慮して競りかけない、あるいは怖い先輩が逃げているところに執拗に競りかけて行ったら、レース後に怒られたという話も多くあります。気が弱い騎手なら、それ以降はあまり競りかけにはいかないでしょう。奇しくも２０２０年の無観客競馬では、川田騎手が阪急杯のゴール直後に大きな声を出しているのが話題になりました。騎手も命がけですから、当然のことだと思いますが、いずれにしても遠めに見ている以上にレースの中でも人間関係が関わっているのだと感じますし、騎手も人間ですから、やはり性格が騎乗ぶりに現れるわけです。

走るのは馬、でも走らすのは騎手

騎手の話になるとよく、

「走るのは馬ですから」

というような言葉をよく聞きます。確かに最も大事なのは競走馬の能力であって、騎手は基本的に馬の邪魔をしないことが大事、というのはわかります。あるいは騎手にとって大事な仕事は良い馬に乗ることだとよく言われます。

「結局騎手は良い馬に乗れるかどうかで決まる」

こういわれるといかにも正論のように感じられますね。

しかし、これは明らかに間違いです。いや、部分的には正しいですが、極論と呼べるものです。正しい答えは、

「走るのは馬だし、騎手は良い馬に乗ることももちろん大事だが、同時に走らせるのは騎手だし、騎手の技量も大事」

ということです。世の中ほとんどのことは、何かが

〝100〟で一方の何かが〝0（ゼロ）〟ということはありません。「盗人にも三分の理」ではありませんが、極論ほど怖いものはない。では、なぜ極論がはびこるのか？

　それは単純なことで、私たちの脳は迷っているとより強い言葉を求めるからです。騎手に関しても、

「騎手を見れば競馬は勝てる」

と言われるのと、

「騎手を見れば競馬は勝てるとは言わないが、回収率の底上げには繋がる」

と言われるのでは、どちらが強く心に響くでしょうか。恐らく、前者の方ではないでしょうか？　しかしながら、物事はそんな単純ではありません。実際は様々な事象が複雑に絡んでいますから、ひとつのことですべてが決まるなんてことはないのです。

　騎手は良い馬に乗れるかどうかがすべて…といわれると、強く心に響くような気がしますが、実際はそんなことはない。走るのは馬ですが、走らすのは騎手です。あの名馬キタサンブラックだってディープインパクトだって、武豊騎手が騎乗していなければもしかしたらあそこまで勝ち続ける名馬になっていなかったかもしれない。オルフェーヴルにしても、アーモンドアイにしても、それは同じことです。

　良い馬でもダメな騎手が乗ればダメにもなりますし、ダメな馬でも良い騎手が乗ればそれなりになるケースも多々あります。まったくダメな馬は誰が乗ってもダメかもしれませんが、ちょっとダメな馬をマシにするくらいの力を騎手は持っています。

　それは馬券も同じことで、回収率50％の人が騎手のことを考えるようになったからといってプラス収支になるかどうかは正直なところ自信がありませんが、それでも60％、70％と底上げする力はあります。現状がトントンの方ならプラスに転じることができるかもしれない。


「騎手を見れば競馬は勝てるとは言わないが、回収率の底上げには繋がる」


ということです。

　さて、長い前置きはここまで。ここからは、本題である各騎手の取扱説明書を見て行きましょう。

第1章

絶対に押さえておくべき
40人の取扱説明書

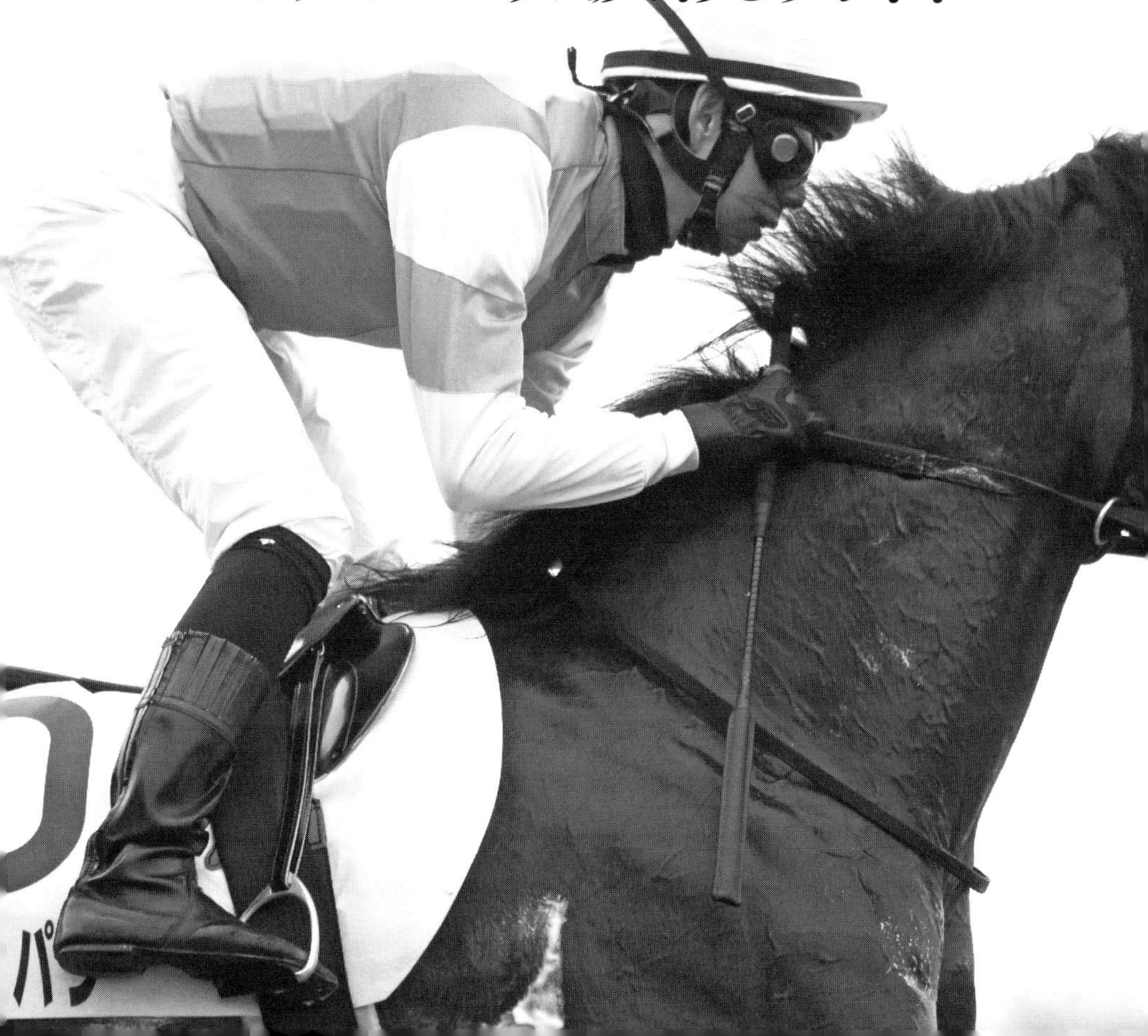

苦手の少ない「最強の3番打者」

C・ルメール

現状

条件問わず満遍なく好成績

現在の日本競馬はルメール騎手を中心に回っていると言っても過言ではありません。イメージとしてはかつての武豊騎手に近い存在で、乗り馬選びも自由自在。昨年のスプリンターズSではグランアレグリアの騎乗が決まっていたものの回避が決定すると、浜中騎手への乗り替わり予定だったタワーオブロンドンに騎乗し見事に勝利しました。外国人騎手ながら良い意味でジャパンナイズドされており、同じＪＲＡ所属のデムーロ騎手が「出遅れ癖」「諦める」といったマイナス面があるのと比べても欠点が少ないのが特徴。野球でいえば4番というよりは最強の３番打者というイメージでしょうか。すでに

取扱説明書

1 条件を問わず好成績で、〝ルメール人気〟を加味しても〝買い〟

2 嫌うなら「ルメールマジックの次走」または「2～3歳重賞の人気馬」

確固たる評価を得ているためほぼ人気馬に騎乗しますが、〝ルメール人気〟を加味しても十分買える騎手で、芝やダート、距離、クラスに関わらず満遍なく好成績です。

特徴

折り合い名人
重賞に強い

ルメール騎手の最大の長所は折り合いの上手さでしょう。スローとみるや道中で一気に動いて制した２０１７年の日本ダービーが印象的ですが、難しい馬でもルメール騎手が騎乗するとスムーズに走ります。グランアレグリアで制した２０１９年の桜花賞もスローを見越してスンナリ位置を取ると早め先頭から楽々押し切りましたし、

	着度数	勝率	連対率	複勝率	単回値	複回値
2018	215 − 135 − 98 − 324 / 772	27.8	45.3	58.0	81	86
2019	164 − 123 − 78 − 285 / 650	25.2	44.2	56.2	70	82
2020	33 − 19 − 18 − 55 / 125	26.4	41.6	56.0	89	89

コントラチェックのターコイズSやレイエンダのエプソムCのように決して必死に追ったりすることなくスッと先行するのは得意技、フィエールマンでみられるような長距離戦での上手さも特筆すべきものがあります。

とはいえ、やはり常に人気を集めるだけに馬券的にはむしろ嫌いどころを把握しておくことが重要です。２０１９年のＮＨＫマイルＣでは１・５倍の断然人気グランアレグリアで5着（4位入線）に敗れましたが、この時のように前走で逃げ、あるいはそれに近い競馬で勝利した馬に騎乗したケースは意外と期待値が低い。いわば〝ルメールマジック〟ともいえる最高の競馬をしているだけに、手の内を明かしたマジックは2度も続かないわけです。前述のレイエンダはエプソムCの次走新潟記念で1番人気10着、フィエールマンも札幌記念3着と人気を裏切っています。また、「前走で逃げた馬」の期待値も低く、自在な競馬をできる分逃げた後は控える競馬を試みるなど工夫を加えることが多く、それが仇になるパターンが見られます。

また2歳や3歳の世代限定重賞は信頼度が低め。まだキャリアが浅く馬のスケールが見えにくい分、ルメール頼みの人気になりやすいためアテにならない傾向で、２０１９年の札幌2歳Sではゴルコンダに騎乗しましたがスタートから行く気を見せず1番人気で6着に大敗。前走逃げ&世代限定重賞で人気というダブルで危ないパターンでした。馬を気分よく走らせることに長けていますからルメール騎手で逃げ切った馬の次走は継続騎乗でも、乗り替わりでも信頼度は大きく下がります。

それともうひとつ、レアケースですが覚えておきたい苦手条件がダート１０００m戦。ＪＲＡ移籍以降、1番人気馬に13回騎乗し5勝、2番人気に10回騎乗しわずか1勝のみ。１０００m戦は騎手の技術ではどうにもならない面もあり、特に函館ダート１０００mで人気馬に乗っていたらかなり危ないです。

現在の日本競馬はモレイラのＪＲＡ移籍が現実的でなくなった以上、今後も数年はルメール中心の状況が続きそうです。世界的に見ればルメールより上手い外国人騎手はたくさんいますが、ルメールほど日本競馬仕様にカスタマイズされた外国人騎手はいないということです。無理に嫌うのは無謀としつつ、前述の苦手条件を頭に入れておきたいですね。

先行意識溢れる日本人騎手のエース

川田将雅

現状

揺るぎない地位を築く

勝利騎手インタビューで淡々と語る姿もすっかりおなじみになりました。それだけ頻繁に重賞を勝っているということでしょう。２０１９年は１５２勝と、ルメール騎手には及ばずとも3位の武豊騎手には41勝もの大差をつけ、今や押しも押されぬトップジョッキーになりました。デビュー間もないころから常にトップを目指すモチベーションの高さを感じさせましたが、経験も積み今まさに脂がのっている時期といえそうです。もっとも、２０１９年は重賞15勝と活躍しながら、ＧＩは僅か1勝のみということが話題になりました。それでも、ＧＩでは20回騎乗して10回馬券に絡んでいるわけですから、軸としての信頼度は高いです。

取扱説明書

1. 先行への意識が高く、安定感は抜群。人気馬でも信頼
2. 内枠で好成績。重賞での外枠の人気馬はやや不安アリ

特徴

積極的

トライアルの鬼

外枠△<内枠◎

川田騎手といえば何より魅力的なのは先行意欲の高さ。菊花賞制覇後低迷期に入っていたキセキを復活させたのは、間違いなく川田騎手の積極策でした。２０１９年も先行策での勝利数が94。逃げというよりも好位を好むヨーロッパスタイル（※）で、とにかく勝負になる位置にいるので、買う側としてはとても安心感があります。その証拠に、1番人気での複勝率が約70％近くあります。また特筆すべきは断然人気馬での安定感。２０１９年は１・

※欧州騎手は逃げを好まない傾向がある。

	着度数	勝率	連対率	複勝率	単回値	複回値
2018	93 − 101 − 71 − 296 / 561	16.6	34.6	47.2	74	93
2019	152 − 102 − 75 − 256 / 585	26.0	43.4	56.2	86	87
2020	37 − 18 − 17 − 38 / 110	33.6	50.0	65.5	91	92

0〜1・4倍の馬に20回騎乗し、(13—4—3—0)とパーフェクトな戦績。走って当然の馬たちとはいえ、一度たりとも馬券を外さなかったのは、確実に勝負になる位置にいる川田騎手の長所といえます。やはり競馬は先行有利。砂を被って嫌気がさしたり、不利を受けたりというリスクが激減するわけです。

また積極策を好むので内枠が好成績。ブラストワンピースで制した札幌記念などは、やや距離不足の懸念もある中で先行策から馬群を割って勝利。また、ダートの1枠は通常包まれると厳しくなりますが、川田騎手の場合は先行する上に馬群も捌けるのでマイナスになりません。逆にいえば外枠は微妙で、重賞の8枠でもしばしば人気馬を飛ばしています。安田記念では仕上がりの問題もあったにせよダノンプレミアムに騎乗し8枠15番に入り2番人気16着、リアアメリアで挑んだ阪神JFも8枠に入り、後方のまま何もできず6着に敗れました。

もうひとつ難点を言えば、やや当たりがキツイことでしょうか。もともと九州男児気質で自ら〝ドS〟と自称するほど強気なタイプ。したがってズブい馬には合うのですが、例えばロードカナロア産駒のようなセンスを武器にするタイプだと微妙なケースがあります。また繊細な牝馬との相性も微妙。ルーツドールで断然人気を裏切ったシンザン記念は、牝馬&8枠でした。

また、スローが多いトライアルでは勝てるものの、本番で取りこぼしが目立つのも気掛かり。ダノンファンタジー、ダノンプレミアム、ミッキーチャーム、ダノンチエイサー、ダノンスマッシュ、ヴェロックス、リアアメリアと、2019年だけでも前哨戦勝利→GIで敗れるパターンがこれだけ多いのは偶然とは思えません。

GIでの取りこぼしは正攻法ゆえのジレンマとも言えそうですが、それは馬券を買う側が意識すれば良いこと。〝トライアルの川田〟は不名誉であったとしても買う側としてはとてもありがたいことです。

いろいろ書きましたが、それでも現在の日本人騎手の中で安定感という意味ではナンバーワン。2020年も順調に勝ち星を積み重ねていますし、アウィルアウェイで追い込んで勝利したシルクロードSなどは、瞬時の判断の確かさも感じられました。確固たる地位を築いた今は人気馬に騎乗することがほとんどですが、基本的には信頼して馬券を買えるジョッキーです。

V字回復を遂げた〝レジェンド〟

武 豊

現状

全盛期を思わせる復活ぶり

２０１０年代前半の低迷を考えたら、まさか再び年間１００勝を達成する日が来るとは…。インタビューなどを見ていても年齢を感じさせないほど若々しく、軽妙洒脱なトーク力は他の追随を許さない圧倒的なリーディングという印象で、レースでも頭脳プレーをしばしば見せてくれています。武豊騎手の一つの武器は、キタサンブラックとのコンビが印象深い〝逃げ〟。馬を気分よく走らせる技術は今でもトップクラスで、２０１９年は１１１勝のうち30勝が逃げ切りによるもので、逃げ切り勝ちの数はルメールを凌いで1位。折り合い難が顔を出していたメイショウテッコンをサッと行かせて逃げ切った日経賞などは、ため息が出るほど鮮やかでした。マテラスカイやインティのように武豊騎手との出会いをキッカケに逃げ馬として出世の階段を上っていく馬も見られます。一方、かつてのような鮮やかな末脚を生かす競馬も武器にしており、ワールドプレミアでの菊花賞制覇↓有馬記念3着の活躍は武豊騎手の上手さが光りました。

取扱説明書

1 「逃げ馬」または「キレ味ある差し馬」で狙いたい

2 「逃げでの好走後」「大型の差し馬」は割引が必要

特徴

逃げの達人　末脚引き出す
ズブい馬は微妙

前述通り逃げ馬に乗せれば天下一品。２０１９年は１番人気で逃げると16戦12勝という圧倒的な成績を残しました。一方、馬券には絡めなかったもののジャパンカッ

	着度数	勝率	連対率	複勝率	単回値	複回値
2018	76 − 65 − 75 − 338 / 554	13.7	25.5	39.0	66	81
2019	111 − 89 − 68 − 391 / 659	16.8	30.3	40.7	78	77
2020	28 − 11 − 11 − 68 / 118	23.7	33.1	42.4	86	67

プではマカヒキに騎乗し道中インで脚を溜め直線大外から伸びて4着、翌週のチャレンジカップでも11番人気ハッピーグリンに騎乗すると、後方待機から上がり最速で4着に突っ込むなど11月の重賞では6頭に騎乗し5頭で上がり最速をマークするという珍記録を打ち立てました。

もっとも、差し馬に関してはズブさのあるタイプを動かすというよりはキレキレの馬の末脚を巧みに引き出すイメージです。最近だとテン乗りで勝利したデイリー杯2歳Sのレッドベルジュールやエイティーンガールとのコンビが印象的です。ラジオNIKKEI賞3着のゴータイミング、札幌2歳S2着のサトノゴールドなどハイペースや開催後半の馬場での差しがハマる一方で、チューリップ賞のシェーングランツや、共同通信杯のマイラプソディなどスローにハマって人気を裏切るケースには注意したいところです。キタサンブラックとのコンビは良かったものの全体に巨漢馬もイマイチで、特に大型馬の差し馬は割引材料でしょう。

また馬場読み力は未だに健在で、2020年の愛知杯ではアルメリアブルームに騎乗し2着。開幕週初日で雨の中のレースでしたが、まだインが良いとみて道中は馬群の中でジッと脚を溜め、上手く捌いて末脚を引き出しました。

もうひとつ武豊騎手の大きな特徴は「距離をもたせる技術」です。マイラーだったエアスピネルでの菊花賞3着や、ファンタジストでのスプリングS2着などは武豊騎手の技術の賜物でした。

なお、逃げ切りは鮮やかですが、逆に言えば能力以上の力を出し切っているため次走はかなり危険です。特に次走で乗り替わると…メイショウテッコンは天皇賞（春）で5番人気11着、ヒロシゲゴールドも武豊騎手の逃げで連続好走した後、松田騎手に乗り替わった天王山Sでは1番人気9着、その後武豊騎手に手が戻り再び連続好走の後、今度は幸騎手が騎乗した室町Sでは2番人気12着と惨敗。馬柱で「前走武豊で逃げて好走」の馬がいたら危険のサインといえます。

テレビでの姿を見ても、まだまだ気力体力ともに充実している印象です。今後もインティのように「武豊騎手がスイッチを入れる」パターンの重賞・GI級が現れそうです。狙うポイント、嫌うポイントを覚えておけば、信頼できるジョッキーでしょう。

復活が待たれるGIハンター

M・デムーロ

取扱説明書

1 出遅れが多く、人気馬での信頼度は高くない

2 内枠＜外枠の稀有なタイプ。固め勝ちに注意！

現状 普通に強い馬で勝てていない

あの無類の勝負強さはどこに行ってしまったのでしょうか？

「GIならデムーロ買っとけ」状態だった2〜3年前が遠い昔のように感じられる凋落ぶりです。もともとデムーロ騎手はゲートが上手くない。しかし、出遅れることで馬群から離れた中で馬とリズムを取るような騎乗が真骨頂でした。外枠に強いのもそのためです。2019年もNHKマイルCとオークスはともに外枠でGI・2勝と一応格好はつけましたが…。それ以上にアラが目立つ結果となっています。

たまに復調を印象付けるような好騎乗を見せるのですが長続きせず、少なくとも、かつてのイメージを少し変える必要がある。依然として人気にはなるし乗り馬の質もまだ保っているので「いかに危険な人気馬を探すか」を考えるジョッキーになりつつあります。

特徴 出遅れ 人気先行 好不調の波が激しい

デムーロ騎手の特徴は冒頭でも触れた出遅れの多さでしょう。これは全盛期から目立っていたので今に始まったことではないのですが、不調期になるとより目立ちます。

特に気になるのが、馬に出遅れ癖をつけているので

	着度数	勝率	連対率	複勝率	単回値	複回値
2018	153－116－84－287／640	23.9	42.0	55.2	77	82
2019	91－71－77－337／576	15.8	28.1	41.5	56	72
2020	13－10－13－65／101	12.9	22.8	35.6	79	83

は？　と思われることが多々ある点です。例えばカリボールで臨んだ清滝特別は8頭立てで単勝1・1倍の断然人気。組み合わせ的にも負けられないレースでした。実際キッチリ勝つには勝ったのですが、キャリア初の出遅れを喫して、外からマクリ上がって差し切るという冷や冷やモノのレースでした。そしてカリボールは次走菊花賞で藤井騎手が乗り出遅れ。前走で変な癖がついたとしか思えない出負けでした。エイシンゾーンで臨んだマカオＪＣＴでもやはり出遅れ。ゲートは比較的上手いタイプでしたが、流れに乗れず2番人気で8着。次走は福永騎手に乗り替わったのですが、やはり出遅れています。

どうもデムーロ騎手は器用なタイプと手が合わない印象が強く、ロードカナロア産駒のようなセンスの良い馬が多い血統だと全く持ち味を生かせません。前述の2頭はやはり器用なタイプが多いジャスタウェイ産駒だったのは偶然ではないでしょう。

弱点ばかり触れましたが、相変わらず外枠には強い。芝でも1枠より8枠の方が成績が良いという稀有なタイプです。内枠で出遅れると致命傷になりがちですが、外枠だとゲートで遅れてもリズムを崩さず運べるので、不利になりづらい。また、芝の道悪も成績がアップし、特に勝ち切り率が上がります。コパノリチャードでの高松宮記念制覇や、キセキでの菊花賞制覇など、泥んこの芝を突き抜けて来るパターンは今後も見られそうです。また、常に安定感のあるルメール騎手と比べると気分屋の面があり、来るときはまとめて来る傾向があります。年明けには中山金杯を制すと、翌日も5戦3勝の固め打ち。東京新聞杯をプリモシーンで制した日も、1番人気の騎乗がゼロながら（2－1－2－3）の好成績でした。バイオリズムの見極めが重要になりますから、調子の良い時を見極めたいところです。

景気の悪い話ばかりになってしまいましたが、さらに追い打ちをかけたのが、２０１９年の香港国際競走です。この日、日本馬は3勝の活躍をしましたが、グローリーヴェイズ、アドマイヤマーズの2頭はいずれも「前走デムーロ」でした。いわば〝デムーロ・リターン〟で勝ってしまった。もともと馬質が良いので、癖のない騎手に替わることで巻き返すケースが多数。戸崎騎手、川田騎手などへの乗り替わりは買い。また短期免許の外国人騎手替わりも狙いどころとなります。

福永祐一

セオリー通りの圧倒的安定感

取扱説明書

1 難しい馬場になるほど、研究熱心さが生きる

2 サプライズやファインプレーは期待しない

現状

超一流の安定感

騎手研究のキッカケになった騎手が、冒頭でも触れた通りこの福永騎手。なんだかんだ言われますが、2019年もミスターメロディ、インディチャンプ、コントレイルでGⅠ・3勝。いずれも内枠で、2勝は得意の短距離&マイル戦で人気馬を蹴散らすという持ち味を十二分に生かした競馬でした。独特の騎手コメントや、時には弱気にも映る騎乗スタイルからしばしばファンの非難の対象になる騎手ですが、それだけ目立っている証拠。2010年から10年連続年間100勝到達、そして2020年のクイーンC勝利でデビュー2年目から24年連続重賞制覇など、超一流の安定感を誇ります。

特徴

研究熱心

安定・無難

マイル戦◎

福永騎手の最大の武器は、よく研究していることでしょう。相手関係や各馬の位置取りなど、予習に余念がないからこそ、昨年の安田記念では上手くインに潜り込んでアーモンドアイの追撃を振り切り大金星を挙げることができたわけです。ものすごいサプライズはないですが、ボーンヘッドもない、買う側としては安心感があり、特にマイル戦には強い。データ上も芝は内枠の方が良く、ダートは外枠の方が良い、これも競馬のセオリー通りです。

また特に研究熱心さが生きるのは、難しい馬場になっ

	着度数	勝率	連対率	複勝率	単回値	複回値
2018	103－83－84－419／689	14.9	27.0	39.2	86	80
2019	107－110－84－412／713	15.0	30.4	42.2	77	84
2020	14－13－13－74／114	12.3	23.7	35.1	57	65

たとき。福永騎手が朝から馬場を歩いてチェックしているのは有名な話ですが、「伸びどころの把握が難しい馬場」では、その馬場チェックが強みになります。特にその強みが生きるのは中京の芝です。中京は内が伸びたり、外からの差しが届いたりと土日でも変化があり難解ですが、意識が高い福永騎手なら問題ない。ミスターメロディで高松宮記念を制した当日、芝では4レースに騎乗し2勝2着1回、1度の着外も8番人気で4着と健闘。いずれも道中は極力ロスを押さえつつ先行集団にとりつき、直線だけ少し外に持ち出すというレースぶりでした。

近年の福永騎手の最大の見せ場はワグネリアンで制したダービーでしょうが、むしろあのレースは例外的。掛かることを恐れず外から出して行って位置を取り抜け出す…というらしからぬ騎乗でしたが、ダービーという大舞台がもたらした一世一代のファインプレーでした。

基本的にはサプライズよりも安定タイプ。悪い意味でのらしさを見せてくれたのは2019年のチャンピオンズカップ。チュウワウィザードに騎乗して挑んだものの、弱気な騎乗で仕掛け遅れ4着止まり。もっと強気に位置を取るべきレースでしたが、基本的には無茶をしないのが福永騎手。そんな騎乗に怒っているようでは、こちらもまだまだ研究不足。良くも悪くもいつものスタイルというわけです。

なお、チュウワウィザードは次走で川田騎手が騎乗し、ガシガシと位置を取って川崎記念を勝利。騎手のスタイルの違いをまざまざと見せつけられました。

福永騎手といえばインタビューでの印象的な言葉も話題になります。ケイティブレイブに騎乗した際は西日を気にした、東京新聞杯でのヴァンドギャルドでは、両隣が牝馬で集中力を欠いた…など、クイーンCではミヤマザクラで完勝したにもかかわらず、もっと控える競馬をしたかったようで不満を吐露していました。今後も面白コメント&安定の騎乗で馬券の大いなる味方でいてほしいです。

何度でも言いますが「福永に怒ってるファン」はほとんど勝っていないと思います。20年以上にも及ぶキャリアを誇る騎手で確固たる地位も築いて傾向も出ているのですから、もはやできないことに期待するよりも、できることとできないことを理解し、言葉は悪いですが文字通り「取り扱い」を間違わなければ良いのです。

北村友一

外国人騎手の対極に位置

現状　名実ともにトップジョッキーへ

デビュー2年目から50勝前後の安定した成績を残すもののケガなども多く、2015年にはついに29勝まで落ち込み一時期はずいぶん影が薄くなりましたが、2018年90勝、2019年も85勝とV字回復、年間100勝も視野に入るところまでやってきました。何より2019年にはアルアインに騎乗した大阪杯で待望のGI初制覇。前走柴山騎手がまったく御せなかった馬をスンナリ好位から運び抜け出した騎乗は見事でした。そして、秋にはクロノジェネシスで秋華賞、レシステンシアで阪神JFを制し、年間GI・3勝。これは2019年の日本人騎手最多GI勝利数になります。名実ともにトップジョッキーの仲間入りを果たしたといって良いでしょう。

取扱説明書

1 差し追い込み馬、特に短距離が絶好の狙い目

2 穴騎手として、買いどころを間違えないように！

特徴　追い込み上手　剛腕ではなく繊細

もっとも、私は以前より北村友一騎手は割と贔屓にしていました。というのも、差し追い込み馬の末脚を引き出すのが非常に上手いためです。特に短距離の差しが上手い印象で、少々手前みそにはなりますが、トウカイミステリー&スギノエンデバーでの北九州記念連覇の際は2年とも本命にしていました。騎乗ぶりもほぼ同じで、控えて直線外から鋭く末脚を伸ばすというものでした。

	着度数	勝率	連対率	複勝率	単回値	複回値
2018	90 − 84 − 64 − 495 / 733	12.3	23.7	32.5	79	80
2019	85 − 63 − 95 − 421 / 664	12.8	22.3	36.6	77	84
2020	3 − 9 − 6 − 60 / 78	3.8	15.4	23.1	21	53

この末脚を伸ばす、脚を溜める技術がこの騎手の真骨頂で、例えばシャイニングレイで勝利した2017年のCBC賞などは直線ほぼ最後方からの派手な大外一気を決めました。1F延長が不安視されたレシステンシアでの阪神JF制覇も、やはり北村友一騎手の当たりの柔らかさが距離を持たせた印象です。

したがって、ズブい馬を動かすというよりはもう少し繊細なタイプが合うジョッキーです。それを象徴するのがロードカナロア産駒との相性の良さ。ダノンスマッシュとのコンビではGIこそ勝てていませんが、この馬を出世の階段に導いたのは騎手の力もあったはずです。ミッキーワイルドとのコンビも合っており、騎乗停止期間で乗れず、デムーロに乗り替わった根岸Sでは騎手が合わないことを予想の際にお伝えしました（2番人気11着）。ヴァルディゼールも同産駒ですが、一度シュタルケ騎手が騎乗した際は全く持ち味が生きず惨敗。そういう意味で北村騎手は剛腕を武器とする外国人騎手の対極に位置するタイプといえそうです。したがってディープインパクト産駒とも総じて相性が良いですし、逆に欧州血統の差し馬なんかは微妙です。

もっとも、この手の差しジョッキーは詰まるリスクと隣り合わせ。人気馬で詰まる…という現象はライトファンの目につきやすいため、しばしば批判にさらされやすいジョッキーです。また、インタビューなどを見てもちょっと独特のノリというか雰囲気なので、何となく頼りなさを感じます。かなり個性派だけに、買いどころを間違わないようにしたいですね。1番人気での信頼度はイマイチなのでどちらかといえば穴で買いたい騎手。GIもダノンスマッシュでは人気を裏切っているので、傾向通りといえます。それと現状目立った結果が出ているわけではありませんが、長距離は上手いと思います。パフォーマプロミスでの天皇賞（春）3着が印象的ですが、今後も穴での活躍があるかもしれません。

クロノジェネシスをはじめお手馬も揃っているため、今後も大一番での活躍が見られそうです。内枠で脚を溜める技術は高いのですが、この騎手の上手さはわかりづらいのが難点。クロノジェネシスは実に上手く乗っていると思うのですが、もし今後何かでヘグって外国人騎手に乗り替わり…みたいなことがあると、恐らくクロノジェネシス自身も低迷の道をたどりそうです。

技量抜群の決め打ち系

田辺裕信

取扱説明書

1 馬を気分良く走らせる技術は現役トップクラス

2 ペースや馬場には無頓着。末脚不発を覚悟して狙え！

現状 マイペースに淡々と…

２０１６年以降の勝利数を並べると、86→84→85→87…浮き沈みの激しいジョッキー界において、ある意味この数字、安定感は凄い。ボウリングでいえば4ゲームやって1度たまたま２００点に行くことはできても、毎ゲーム１５０点台はなかなか難しい…でもそれを淡々とできるのが田辺騎手というイメージです。ただ、この数字こそが田辺騎手の特徴を端的に物語っています。インタビューなどを見ても、どこか飄々としてマイペース。ちゃっかりしているように見えて、実はもの凄く頭の良い騎手だと思いますが、そういうそぶりをあまり見せたがらないし、リーディングへの欲のようなものもあまり感じられません。良くも悪くも職人タイプのようです。

特徴 他力本願 技術は天下一品

したがって、知らずに買うとイライラさせられることも多いかもしれません。象徴的なのが２０１９年の福島記念。レッドローゼスに騎乗したのですが、最後方から大外一気という大味な競馬で猛然と追い込んだものの５着止まり。私も本命にしていたのですが、恐らくこういう形になると思っていたので特に何も思わなかったのですが、ネットを中心に一見無気力に見えてしまう騎乗には非難が殺到していました。もっとも、普段から見てい

	着度数	勝率	連対率	複勝率	単回値	複回値
2018	85 − 72 − 80 − 535 / 772	11.0	20.3	30.7	84	77
2019	87 − 73 − 69 − 423 / 652	13.3	24.5	35.1	92	91
2020	11 − 11 − 12 − 96 / 130	8.5	16.9	26.2	50	60

れば想定内の競馬で、いつもの田辺騎手です。脚を溜めるのが上手い、ただレースの流れに無頓着なところがあるので、ある意味他力本願です。

実は田辺騎手を以前の著書で「中山マイスター」と書いたのですが、残念なことに近年中山芝での成績が落ちています。ただ、その理由は明白。データを見ればわかることですが、3～4年前はよく差しが届いた中山の芝が、近年再び内枠先行有利になりつつあるのです。そうなると田辺スタイルがハマりづらい。2019年春の中山芝重賞は悲惨でした。中山金杯はエアアンセムで4番人気7着、中山牝馬Sはノームコアで1番人気7着、ダービー卿CTもドーヴァーで1番人気7着、ニュージーランドTはアフランシールで5番人気8着、すべて差しに回っての不発でした。あまり流れを意識せず馬のリズムを重視するので、ロゴタイプやジェネラーレウーノのような自然と前に行く馬なら良いのですが、そうでないと位置取りは悪くなる。差しが決まる馬場ならば、コマノインパルスやグランシルク、ヴェルデグリーン、シャケトラなどで見せてきたような鮮やかな差しが決まるのですが、それもこれもペースや馬場次第ということです。

とはいえ、毎年一定の結果を出しているのは腕があるから。2019年の夏にはブレイキングドーンでのラジオNIKKEI賞制覇を皮切りに重賞4連続勝利を達成。関係者へのアピールなどは考えないマイペースタイプなので、買いどころは間違えないでおきたいです。

ちなみに田辺騎手を物語るエピソードとして、武豊騎手が面白いことを話していました。2017年の有馬記念、キタサンブラックで2枠3番を引いた武豊騎手はスンナリ逃げられると思ったのですが、唯一気になったのが5番枠のトーセンビクトリーだったそうです。武豊騎手いわく「田辺は何かやって来るから嫌だな」と感じたようです。結果的には杞憂に終わり逃げ切りを決めたわけですが、武豊騎手をしてそう思わせる何かを、田辺騎手は持っているということです。

馬の能力を引き出す技術においていえば、現役ジョッキーの中でもトップクラス。正直、川田騎手くらいのガッツというかトップを取りたい強い気持ちがあれば、リーディングだって獲れると思います。ただ、そうではないのが田辺騎手の良さなのかもしれません。付き合い方を間違わなければ、かなり頼りになる騎手です。

随所に渋いプレーを連発

岩田康誠

取扱説明書

1 インの印象強いが1枠は微妙。中～外からイン取りが武器

2 中長距離での穴馬の２～３着付けに妙味あり

現状 味のあるベテランに

岩田康誠騎手といえばかつては武豊騎手を追い越す勢いでした。我が世の春を謳歌していたのは２０１２年頃でしょうか。ジェンティルドンナでの桜花賞、秋華賞＋ＪＣ制覇、ディープブリランテでのダービー制覇、そしてロードカナロアでの世界制覇など…。その後はデムルメの移籍（※）もありすっかり影が薄くなった時期もありましたが、近年は良い意味でベテランとしての味が出て来ています。大舞台での派手な活躍が減った一方で、乗り馬の質が落ちている分、穴馬での活躍が目立ち始めています。野球でいえばレギュラーではなくなったけど、代打で３割打つ頼りになるベテランのようなイメージでしょうか。

※デムーロ＆ルメール騎手は2015年にJRAに移籍、以後騎手の勢力図がガラリと変わった。

特徴 外枠からイン取り ２～３着に妙味

もっとも、現実的に岩田騎手を見ているとやはり信頼度は落ちていると感じます。仮に２０１２年をＭＡＸとすると、当時と比べても馬質はかなり落ちています。

▼２０１２年８５７回騎乗→１番人気馬１９０頭
７番人気以下１７７頭
▼２０１９年８２１回騎乗→１番人気馬99頭
７番人気以下２７８頭

ご覧の通り、１番人気馬への騎乗機会は半減、人気薄での騎乗が増えています。そして目立つのが２～３着の多さ。全盛期の２０１２年（１１９―１０１―１０５―

	着度数	勝率	連対率	複勝率	単回値	複回値
2018	80 − 87 − 89 − 534 / 790	10.1	21.1	32.4	70	77
2019	68 − 100 − 85 − 568 / 821	8.3	20.5	30.8	51	72
2020	10 − 14 − 10 − 73 / 107	9.3	22.4	31.8	81	98

532）→2019年（68−100−85−568）と明らかに勝ち切れていません。かつては「バキューン！」とも言われたように、末脚を爆発的に伸ばすような騎乗が持ち味でした。馬質が落ちたのと、スムーズに位置を取れなくなった分、差し切るところまで来れない。2019年以降の重賞レースでも（3−10−3−52）と2着が多く、レッツゴードンキとのコンビでも晩年は2〜3着を量産していました。

とはいえ、脚を溜めて一気に馬の脚を伸ばす技術は今でも健在。最近だとスカーレットカラーとのコンビは印象的でした。スカーレットカラーは掛かる気性で折り合いが難しいタイプ。しかし岩田騎手が騎乗するようになると、その難しい気性を末脚に特化させることで持ち味を生かしました。マーメイドS、クイーンS、府中牝馬Sと3戦連続の重賞好走は岩田騎手とのコンビがハマった結果だったでしょう。

また岩田騎手の代名詞ともいえる〝イン突き〟ですが、実は内枠というよりはもう少し外からリズムを取ってインを取りに行くのが上手い騎手。ジェンティルドンナのジャパンカップでは8枠からインを見事に取り、オルフェーヴルを撃破しましたが、今もその騎乗は健在で、東京新聞杯ではシャドウディーヴァに騎乗し12番枠からインを取り、ロスなく立ち回って6番人気2着と好走しました。2019年は芝の1枠（白帽子）で、（0−7−5−30）と1勝もできませんでした。この中には3番人気以内の馬も16頭含まれており、インが得意のイメージがある岩田騎手ですが、極端な内枠は微妙と覚えておきたいです。実際1番人気アドマイヤポラリスで挑んだ2019年12月14日の1勝クラスでは最内枠から位置を悪くして何もできず6着。外からインに入れるのは得意ですが、内過ぎる枠だと前半で位置を取れず不発が多いわけです。このパターンは覚えておくと、危険な人気馬を見つけやすくなるでしょう。なお、位置を取るのが上手くないことは短距離でイマイチ、長距離で強いことにも表れています。

最近は岩田望来騎手も活躍が目立ち始めましたし、父としてもまだまだ健在ぶりを見せたいはず。かつてのようにGIをバンバン勝つようなことはもうないかもしれませんが、今後は味のあるベテラン騎手として穴が増える気がします。得意のイン突き、特に長距離や外枠で人気が落ちているケースでの一発に注目です。

戸崎圭太

怪我からの復活を期す関東のエース

取扱説明書

1 安定感が武器。ただしGⅠでは勝ちきれない点に注意

2 弱点は少ない。狙いどころは「外枠」「東京芝」

現状 トップクラスをキープ

２０１３年にＪＲＡ移籍をした戸崎騎手。翌２０１４年からは3年連続リーディングを獲得し、その後はルメール騎手にトップの座を明け渡したものの、常にトップクラスの成績を残し確固たる地位を築いています。レースぶりもソツがなく、好不調の波も少ない。テレビのインタビューをみてもいつもニコニコしていて、メンタルの安定感がそのまま騎乗の安定感にも繋がっていると感じます。

特に２０１９年は大舞台での活躍が目立ちました。ＧⅠ勝ちこそないものの、ダノンキングリーでは皐月賞・ダービーで勝ち馬に迫り、天皇賞（春）ではグローリーヴェイズで2着、アエロリットとのコンビでも安田記念、天皇賞（秋）で馬券に絡み、ヴィクトリアマイルでは11番人気のクロコスミアで3着に突っ込むなど波乱の立役者にもなりました。それだけに、ＪＢＣ当日の落馬事故が悔やまれます。本人は何も悪くなく、完全な貰い事故だけに…。

特徴

安定の先行

ＧⅠで惜敗

外枠得意

東京◎

さて、戸崎騎手の活躍ぶりは前述通りですが、一方で戸崎騎手というとその活躍の割に、これというコンビがいないイメージがないでしょうか？　ストレイトガール

	着度数	勝率	連対率	複勝率	単回値	複回値
2018	115－121－98－549／883	13.0	26.7	37.8	61	74
2019	104－110－96－442／752	13.8	28.5	41.2	75	81
2020	0－0－0－0／0	-	-	-	-	-

とのコンビでＧＩ・３勝の活躍を見せてはいますが、それ以外はイマイチ浮かばない。実はこのことが戸崎騎手の武器でもあり、また弱点でもあるかもしれません。

戸崎騎手の武器は安定の先行策。ジェンティルドンナに代打騎乗した２０１４年の有馬記念でも、久々の騎乗ながらソツなく乗りこなし勝利、エポカドーロやダートのベストウォーリアとのコンビでも常に好位につける安定感が光りましたし、ハープスターの追い込みをレッドリヴェールで封じた阪神ＪＦも印象深い。好位からの安定したレースは戸崎騎手の武器でもあるのですが、下級条件やＧⅢクラスならともかく、皆が本気で勝ちに来るＧＩは１００点の騎乗では勝ち切れず、１２０点が必要になる場合がある。そういう意味で大一番になるとやや物足りない面があります。ＪＲＡ移籍後のＧＩでは６勝に対し２着が13回、特にＧＩで１～３番人気馬に騎乗すると（1－7－2－17）とほぼ勝ち切れません。思えば昨年のダノンキングリーの皐月賞やダービーも何一つミスはしていない、むしろ完璧に乗ったように見えましたが、やはりあと一つ何かが足りないのかもしれません。馬券的にはそのことは常に考えておきたいところです。

それでも、スタートが上手く、無理なく先行させるのも上手いし、バテたクロコスミアを持たせたように地方仕込みの追う力もある。また同じ南関東出身の内田騎手と比べて柔らかさもあるため、牝馬にも強いのが特徴です。それと、本人も「外枠が好き」と公言するように、外枠の成績が良く、内枠有利と言われる芝でも外枠の成績が落ちないのは特徴。紫苑Ｓのパッシングスルーのように、外から好位につけて抜け出すのは必勝パターンです。イメージとしてはルメール騎手と福永騎手と川田騎手の３人を混ぜ合わせたら戸崎騎手が出来上がるという、そんな感じです。

現在は療養中なのでケガの影響は気になりますが、それでも体調さえ整えばこれまで通りの活躍を見せてくれるはずです。特に東京の芝コースでは戸崎騎手の追える力と位置取りを取る力が頼りになり、毎年好成績。２０１９年も複勝率46・7％、単複回収率もほぼ100％と好成績でした。横山典騎手やデムーロ騎手のように、「その手があったか！」と思わせられるようなアッと驚くような騎乗は少ないですが、常に馬の力を安定して引き出してくれる、信頼度は高いジョッキーです。

鮮烈デビューから12年が経過

三浦皇成

取扱説明書

1 好スタートから無難に流れに乗る騎乗が真骨頂

2 勝利の大半が下級条件のもの。重賞では信頼できない

現状　19年に再ブレイクの狼煙

意外かもしれませんが、2019年は自身初の年間100勝を達成、ついにデビュー年の91勝を超えただけでなく、大きなケガからの復活を遂げた瞬間でもありました。個人的な話になりますが、2008年、三浦騎手のデビュー当日はたまたま中山競馬場で観ていました。フェニコーンでの初勝利は特別戦、それも長距離戦だったことで強く印象に残っています。同時に、これから数多くのビッグタイトルを手にする騎手になるのだろうと予感したものでしたが、10年を経てようやく上昇機運に乗り始めた印象。2020年は年明け早々再び落馬事故に巻き込まれてしまいましたが、復帰後の活躍には期待したいところです。

特徴　スタート◎　短距離◎　重賞×

もっとも2019年は結果的に102勝を挙げたとはいえ、重賞は1勝だけ、GIはデビュー以来未だに未勝利。通算785勝を挙げながらも重賞は13勝というのは寂しいものがあります。比べるものでもないかもしれませんが、同じ関東の中堅騎手で同じくらいの勝ち星を挙げている松岡騎手や田辺騎手と比べても寂しい成績です。

▼三浦騎手　通算785勝　重賞13勝
▼松岡騎手　通算829勝　重賞33勝
▼田辺騎手　通算891勝　重賞32勝

以上の成績を端的に説明すると、三浦皇成は重賞で

	着度数	勝率	連対率	複勝率	単回値	複回値
2018	68 − 92 − 82 − 617 / 859	7.9	18.6	28.2	103	78
2019	102 − 98 − 77 − 601 / 878	11.6	22.8	31.5	64	72
2020	0 − 0 − 0 − 5 / 5	0.0	0.0	0.0	0	0

は全く頼りにならない…となりますが、実際の騎乗ぶりを見ていてもそう感じさせられることが多々あります。２０１９年唯一の重賞勝利である中山牝馬Ｓでは私もフロンテアクイーンを本命にしていましたが、当時の根拠をご覧ください。

「前走のターコイズSでは、マーフィー騎手が積極策からやや攻め過ぎた印象。これは仕方ないことで、日本的な素軽さのあるスピードタイプだけに、そういう馬に乗り続けている日本人騎手の方が合うということ。三浦騎手ならばスタートを決めてとりあえず流れには乗ってくれそうだし、工夫したり特殊なことをするタイプでもないのも、本馬にとってはプラスになりそうだ」

やや失礼な書き方かもしれませんが、三浦騎手はまずスタートが上手い。新人時代の活躍も減量を生かす先行策がメインでした。ただし、何か工夫するタイプではないので、ザ・無難に乗った方が良い馬には合うと考えたわけです。ケチをつけるつもりは全くないですが、それだけ力が拮抗している重賞では買いどころは限定されます。

象徴的なのはリナーテとのコンビでしょうか。リナーテは溜めると強烈な決め手を使う馬で、２０１９年は武豊騎手とコンビを組み重賞で2着2回と活躍、三浦騎手が騎乗したスプリンターズSでは5番人気と期待されました。しかし、レースでは見せ場なく9着。もちろん前が残る馬場だったから仕方ない面もあったかもしれませんが、スタートから気合を入れる中途半端な騎乗で持ち味を生かせませんでした。この日の馬場では溜めて行ってはもっと着順が悪かったかもしれませんが、大一番でも平場と騎乗が変わらない。これだけの長期間チャンスがありながらもGⅠを勝てないのは、偶然ではなく必然と考えるべきです。

というわけで、基本的には下級条件で買う騎手。１０２勝のうち新馬・未勝利・1勝クラスまでで79勝と大半を稼いでいます。またスタートが上手く追えるので内枠だと信頼度が上がります。２０１９年は１０００ｍ（1−2−2−3）、福島ダ１１５０ｍ（5−2−0−5）と非常に成績が良く、スタート力を生かせる短距離も合います。

２０１７年以降重賞で4番人気以内（0−1−4−17）という悲惨な成績を見てわかる通り、重賞での勝負弱さは現状変わる兆しはありません。今後GⅠを勝つとしたら、2歳戦か、短距離だとは思いますが、信頼できるのは下級条件＆短距離戦という傾向は変わらないでしょう。

トップジョッキー
トップを狙う中堅騎手
個性豊かなベテラン
新時代を担う若手
馬券に直結する注目騎手
脇を固める40人

リーディング順位も右肩上がり

松山弘平

取扱説明書

1 積極的な競馬で活躍。小倉を筆頭にローカルでは一枚上の力量

2 好走→再度人気薄で好走のパターン多数。連続穴に警戒

現状 今がまさに馬券的には〝買い〟

2019年はデビュー以来最多の91勝まで勝利数を伸ばしてきました。この数はデムーロ騎手と全く同じ。「デムーロと松山騎手の勝利数が同じ」というとピンと来ないかもしれませんが、それくらい近年はジワジワ力を付けてきています。もっとも、その割にはイマイチ地味な印象は拭えません。アルアインとのコンビが代表的ですが、その後は乗り替わりになってしまったり、まだ松山弘平＝全国区という感じではないのかもしれません。もっともこれは悪い意味ではなく、むしろ良い意味です。腕を上げてきているが、まだファンの意識は追いついていない＝馬券的には買いのジョッキーということです。

特徴 逃げ先行得意 小倉で特注 連続穴

その中でも松山騎手の大きな特徴といえば、やはり積極策です。もともと逃げ先行競馬が得意でしたが、それは力のある馬に乗ることが増えた現在も健在。阪神カップではメイショウショウブに騎乗すると、ポンとスタートを決め内ラチを追走、直線もギリギリ3着に粘らせました。この3着は鞍上が馬の力を最大限に引き出したものだったように思えます。前述のアルアインとのコンビでも先行策で毎日杯→皐月賞と連勝を決めており、逃げ先行は松山騎手の一番の武器といえそうです。

そして実はこの先行策こそが松山騎手が人気になりづ

	着度数	勝率	連対率	複勝率	単回値	複回値
2018	84－92－76－659／911	9.2	19.3	27.7	97	83
2019	91－81－82－631／885	10.3	19.4	28.7	94	88
2020	19－14－13－97／143	13.3	23.1	32.2	166	109

らいポイントではないかとみています。というのも、どうしても好位から抜け出す、粘り込む競馬は〝映えない〟。そのため、地味な印象になりがちなのです。象徴的なのは、かつてのボンセルヴィーソとのコンビでしょうか。2歳時、デイリー杯2歳Sで8番人気2着と好走すると、その後の重賞での連続好走は見事でした。

以下にその後の成績を列挙すると、朝日杯FS12番人気3着→ファルコンS2番人気2着→ニュージーランドT5番人気3着→NHKマイルC6番人気3着まで、実に5走連続で好走したにもかかわらず、その間ほぼ人気にならなかったのです。現在でもこのパターンは健在で、2020年に入ってからもシンザン記念で9番人気3着したコルテジアでは、次走のきさらぎ賞でも7番人気1着と穴をあけました。

ジャスパープリンスやサムシングジャストなど条件戦でも同様のパターンが見られるので注意。個人馬主の騎乗も多いので人気になりにくい面もあり、「逃げ先行の松山」に加えて、「連続穴の松山」とでも覚えておきましょう。

また、小倉競馬には以前から強く、特に近年は人気馬、穴馬ともに満遍なく持ってきており、2018、2019年は2年連続でベタ買いしても単複プラス。若手中心となるローカルでは、松山騎手の技術、経験値、さらに近年の実績から来る乗り馬を集める力が一枚上という状況ができつつあります。

人気馬での信頼度などではまだ多少物足りない面もありますが、2020年になってサウンドキアラで京都金杯&京都牝馬Sを連勝、エアアルマスで東海Sを制するなどさらに活躍が目立つようになりつつあります。

勝負になる馬では基本的に勝負になる位置をスムーズに取れる技術があるジョッキーですし、フェブラリーSではサンライズノヴァに騎乗しキッチリ3着を確保、デビューから連勝中のデアリングタクトも出現するなど差し馬での活躍も増えて来ています。大舞台での活躍も増えて来た状況の割に、一般的には認知度は低く人気を集めるタイプではないので、実力と知名度にギャップがある現状。馬券的にはまだお買い得ですし、今のうちに稼いでおきたいジョッキーです。

ニュースタイルで躍進中

藤岡佑介

取扱説明書

1 消極的なイメージは昔の話。強気の先行策で活躍中

2 差しの技術も健在。1番人気での信頼度も高い

現状 意識に技術が追い付き躍進

藤岡佑介騎手といえば、デビュー年に35勝、2年目にはアズマサンダースで重賞を制するなど順風満帆な騎手人生をスタートしました。しかし、その後は伸び悩む時期も長く、ファンからもかなり信頼度の低いジョッキーでした。というのも、とにかく消極的な面があり、たまに穴は出すものの印象が悪かったのです。チャンスがありながらGIをなかなか勝てなかったことも、勝負弱いイメージに拍車をかけました。ところが、近年はイメージを一新し積極策に打って出る機会が増加。もともと海外修行をするなどモチベーションも意識も高い騎手だっただけに、そこに技術が追い付いてきて成績を上げてきている印象です。

一時は4年半ほど重賞タイトルから遠ざかった時期もありましたが、2018年は重賞5勝、2019年も4勝、ケイアイノーテックとのコンビでGIタイトルも手にして大舞台でも常連の騎手となっています。

特徴 かつては差し、今は積極策 人気では信頼

かつては差し、今は積極策が武器の藤岡佑騎手。序章でも触れた通り、海外修行での経験と意識の変化が大きかったようです。「差して勝つのは鮮やかで、憧れがあった」「それにこだわり過ぎていた」と語っている通り、かつてと現在の変化は見逃せません。大舞台でもマキシ

	着度数	勝率	連対率	複勝率	単回値	複回値
2018	74 − 65 − 57 − 429 / 625	11.8	22.2	31.4	75	76
2019	58 − 55 − 43 − 382 / 538	10.8	21.0	29.0	104	71
2020	17 − 12 − 5 − 60 / 94	18.1	30.9	36.2	84	82

マムドパリやガンコ、クリンチャーなどで積極策を講じる「ニュー藤岡兄」が目立つようになっています。

　藤岡佑騎手のニュースタイルがよくわかるのが、エアアンセムでの函館記念制覇でしょう。エアアンセムは切れ味のある馬ではないだけに、あまり溜めても持ち味が出ない。そのことに気づき、藤岡佑騎手は3度目の騎乗となる函館記念で積極策に打って出ると見事好位から抜け出し、待望の重賞初制覇を飾ります。しかし、その後田辺騎手に乗り替わると、今度は溜める競馬を繰り返し再び勝ち切れない競馬に。〝馬なりの田辺〟と〝積極策の藤岡兄〟の特徴が出ていました。エアアンセムで勝ち切るにはやはり多少無理をしてでも前に行かせることが重要だったわけです。

　とはいえ、もともとは脚を溜めるのが得意な騎手で、現在もその技術は健在。阪急杯で騎乗したスマートオーディンはとにかく折り合いの難しい馬でしたが、最後方からじっくり運ぶと、極限まで末脚を溜めて直線の伸びを引き出し11番人気で勝利。また、馬群に突っ込みながら減速せず追って来れるので、馬群を突く差しも得意で、一般的には不利とされるダートの内枠でも成績が落ちない傾向があります。シリウスSのロードゴラッソでは上手く脚を溜めて抜け出しました。

　また地味なところでは2019年12月1日(日)の3歳以上2勝クラスの14番人気サンビショップでの騎乗も鮮やかでした。このときは逃げ先行勢が揃ったメンバー構成で差しが届くと見ていたのですが、筆者が狙ったのはシンガリ人気のニホンピロマドン。流れさえ向けば出番があると見て期待したのですが、小牧騎手は終始外を回し5着止まり。最後3着に突っ込んできたサンビショップは、各馬が仕掛ける4コーナーでまだ馬群の中で悠然と脚を溜めており、ラストだけ外に出す見事な騎乗、騎手の差を痛感した一戦でした。

　もともと父が調教師で関係者の信頼も厚く、今後も大きく低迷することはないはず。また、1番人気馬での信頼度も高く、2019年は勝率44・2%、複勝率73・1%と平均を大きく上回る結果に。この数値は2019年に30回以上1番人気馬に騎乗した騎手の中では勝率2位、複勝率も3位という好成績。強気にインを突くスタイルなのでケガにだけは気を付けてほしいですが、かつての頼りないイメージはもう捨てて問題なさそうです。

元気キャラと積極プレーでお馴染み

丸山元気

取扱説明書

1 積極策が武器で、乗り替わりにも強いのが特徴

2 「人気の丸山は疑い、穴の丸山は信頼する」姿勢で

現状

19年に重賞4勝と再ブレイク

丸山騎手と聞いて思い出されるのは2年目の大ブレイクでしょう。デビュー年8勝→2年目92勝は、相撲でいえば平幕優勝を飾り次の場所で三役に昇進するような、めったに見られない大出世です。3年目にはセイクリッドバレーで重賞制覇も果たし順風満帆の騎手生活…かと思いきや4年目に33勝に落ち込みしばらくは停滞が続きました。再び上昇に転じたのは2018年。久々に50勝超えを果たすと、2019年は71勝、重賞も4勝と非常に濃い一年となりました。メディアで見せる明るいキャラクターもすっかりお馴染みになっています。

特徴

逃げ・乗り替わり◎

人気での信頼度△

丸山騎手といえばやはり武器は積極策。2年目の飛躍の際も、減量を生かした逃げ先行が最大の武器でした。2019年もオールカマーではスティッフェリオに騎乗し、果敢にハナを奪っての逃げ切り勝ち。同馬とのコンビで重賞3勝目を飾り、丸山騎手を象徴するコンビになっています。また、思い切りの良さは乗り替わりでも怖い。テン乗りとなったフラワーCではコントラチェックに騎乗し逃げ切り勝ち、エプソムCではサラキアに騎乗し、行く馬がいないとみるやハナを奪い63秒9という超スローに落とし7番人気2着。積極的な姿勢が大舞台で

	着度数	勝率	連対率	複勝率	単回値	複回値
2018	60 − 66 − 55 − 501 / 682	8.8	18.5	26.5	141	89
2019	71 − 52 − 58 − 486 / 667	10.6	18.4	27.1	118	82
2020	6 − 13 − 13 − 89 / 121	5.0	15.7	26.4	141	89

もブレないのは強みでしょう。

ちなみにサラキアは池添騎手からの乗り替わりですが、この池添→丸山という仲良しコンビの乗り替わりパターンは特注。2019年も（2−2−2−8）とかなり高確率で馬券に絡んでおり、2018年の函館2歳Sではラブミーファインで2着に突っ込んできています。情報交換を密にできている分、テン乗りのマイナスがないのかもしれません。

また積極策を生かせるという意味で、芝の内枠に強いのも特徴です。特に1枠（白帽子）での成績は群を抜いており、単複をすべて買ってもプラスになります。特に1枠から逃げると2019年はすべて1番人気以外で4戦4勝。1枠1番のアイルチャームで逃げ切った須賀川特別は、馬場自体は外が伸びていましたが、やはり丸山騎手の内枠での強さが生きたレースでした。

ただ、これからトップを狙える位置にいるかというとかなり微妙な気もします。特にそれを象徴するのが人気馬での不安定さ。過去3年の1番人気馬での成績は以下の通りです。

▼2017年（8−4−2−4）
▼2018年（11−6−10−17）
▼2019年（17−11−6−27）

人気馬に乗る回数が年々増えているのは、それだけ馬質が上がっている証明でもありますし、丸山騎手の存在が広くファンに認知され信頼されつつあるということ。しかし、その信頼に応えられているかは微妙で、2019年は1番人気での複勝率が55・7%。上位騎手の数字としては信頼できるとは言い難いものでした。現状はネームヴァリューの上昇に信頼度がついてきていない、ということです。

それでも馬券的な面を考えれば十分に買える騎手。現在、2016年から4年連続で単勝回収率が100%を超えているのは立派ですし、やはり現状は思い切りの良さを生かした人気薄での積極策や、乗り替わりを穴で狙うのが良いでしょう。人気の丸山は疑い、穴の丸山は狙う、というのが基本的な付き合い方です。

ベテランの域に入り脚質転換中!?

石橋 脩

取扱説明書

1 スタートが上手く、逃げでも差しでも穴を開ける

2 気難しい馬、巨漢馬をコントロールする力も光る

現状　19年はやや停滞の一年に

若手のイメージだった石橋騎手も気づけばキャリア20年近くを刻み、中堅から徐々にベテランの域に入りつつあります。近年はラッキーライラックとのコンビでクラシックを沸かすなど存在感が増していましたが、２０１９年はやや停滞。お手馬だったラッキーライラックもエリザベス女王杯ではスミヨン騎手に乗り替わって勝利を挙げるなど、大一番での勝負強さの差をまざまざと見せつけられてしまった感もあります。馬自身、古馬になり勝ち切れないレースが続いていたので、なおさら大レースでの鮮やかな変身ぶりは、インパクトが強く騎手の差を感じさせるものでした。

特徴　穴男　積極策　思い切りが良い

もっとも、悪いことばかりではありません。ＮＨＫマイルＣではケイデンスコールで追い込んで大穴をあけた他、シャケトラとのコンビでは超久々ながらＡＪＣＣを制するなど、随所に存在感を見せてくれました。

石橋騎手といえばかつての天皇賞（春）でビートブラックとのコンビでオルフェーヴルを破る大金星を挙げるなど、とにかく強気の競馬が武器。現在も基本的には前に行くことが多く、確実に良い位置を取ってくれるので、馬券を買いやすいタイプです。ただ、最近は特に重賞やオープンを中心に差し馬での活躍も目立つようになって

※サトノティターンの２勝目となった2017年の500万条件では、実況も驚くほど直線で大きくフラつきを見せ、動画サイトでも話題になった。

	着度数	勝率	連対率	複勝率	単回値	複回値
2018	59－52－55－354／520	11.3	21.3	31.9	88	92
2019	55－46－48－377／526	10.5	19.2	28.3	92	71
2020	8－15－8－67／98	8.2	23.5	31.6	64	102

います。前述のケイデンスコールの他にも、サトノティターンで制したマーチS、チェーンオブラブで2着に突っ込んだフェアリーS、スマートアヴァロンで3着に突っ込んだ根岸Sなど、重賞だけでも差し追い込みの穴が目立ちます。

特によく目立つのが乗り替わりでの穴です。ここまで挙げた例もサトノティターンのマーチS以外はすべて乗り替わりでの穴で、馬の新たなスイッチを引き出す、あるいは気難しい馬をコントロールするのが上手い印象です。思えばサトノティターンもかつて直線で大きくフラつくなど悪癖を見せた難儀な馬（※）ですし、前出のシャケトラも大型馬でコントロールが難しい馬でした。

また先行しても差してもイシバシならぬ、ビシバシ追って来れるので、スパルタ的な競馬で変わり身を見せる馬も多々。重賞以外でもタイセイソニック、ダイメイコリーダといった馬たちでは石橋騎手の気合の先行策がハマった騎乗でした。スナークライデンでのイン突きも石橋騎手ならではで、もともと逃げ先行ジョッキーとして名を上げたように、スタートが上手いのでポジション取りまでに脚を使わないのが長所。いかに差し馬とは言えど道中のスタミナロスは少ない方が良いですから、石橋騎手の技術が生きている印象です。人気馬の力をキッチリ出すというよりは、思い切りの良さを武器に穴での突っ込みを狙うのが正しい付き合い方です。

今後も現在のポジションが大きく変わることはないと思いますが、ノーザンF生産馬には幅広く乗っている割に、外国人騎手ほど人気にならないので狙いどころは多い騎手です。スローペースになりやすく積極策が生きる新馬戦では特に信頼度が高く、毎年好成績。今後も「新馬の石橋」は変わらず狙いどころになるはずです。また思い切りが良いのでGIでの一撃があるのも魅力。前述したケイデンスコールでの追い込みの他、ダービーで3着したコズミックフォースのような先行&イン突き、ワンスインナムーンでの逃げなど、極端な競馬で馬のポテンシャルを引き出すので、特に穴馬では今後も警戒が必要です。

リーディング上位騎手の中では実力の割にまだ過小評価されている面もあるのが石橋騎手。昨年はやや停滞の時期もありましたが、2020年はかなり買い時とみています。

馬重視の騎乗で個性を発揮

藤岡康太

取扱説明書

1 逃げ差し問わず、馬を気持ちよく走らせる技術が高い

2 現状、「人気の差し馬」「大型馬」では疑いたいが、変化の兆しも

現状 末脚を引き出すスタイルは健在

藤岡佑介騎手を兄に持つジョッキーで、かつては兄弟揃って似たような印象がありましたが、前述の通り藤岡佑騎手が先行ジョッキーとして変化をし始めた中、弟の康太騎手は依然として差し追い込みでの決め打ちが目立ちます。個人的には割とわかりやすくて、好きなジョッキーの一人。

2019年のハイライトは北九州記念の◎アンヴァルでしょうか。この時の小倉の芝は4週目で外からの差しが届く状況。藤岡康太騎手が騎乗するならばキッチリ外を回してくれると信じて大勝負をしました。結果的にはスタートでやや出遅れて冷や冷やしましたが、直線はなんとか伸びて来て3着確保。「溜めて末脚を引き出す」というブレないスタイルを貫く好騎乗でした。

特徴 末脚引き出す 大型馬は不得意

長所が最大限に生きたのは、モズアトラクションとのコンビでしょう。ダートを使われ6戦4勝であっという間にオープン入りしたもののその後は伸び悩み傾向。そんな状況で手が回ってきたのが2019年の平安Sでした。12番人気、単勝147・6倍というド人気薄でしたが、このレースで久々に本来の末脚を取り戻すことになります。スタートからまったく何もせず出たなりで後方

	着度数	勝率	連対率	複勝率	単回値	複回値
2018	59 − 47 − 61 − 510 / 677	8.7	15.7	24.7	66	75
2019	56 − 67 − 62 − 547 / 732	7.7	16.8	25.3	73	83
2020	10 − 10 − 10 − 80 / 110	9.1	18.2	27.3	46	95

待機。4コーナーでも15番手というほぼ最後方に近い位置から、直線は猛然と伸びてチュウワウィザードにハナ差まで迫る2着。このコンビ結成を契機に馬自身も復調、3走後にはエルムSで重賞初制覇を飾ることになります。なお、初コンビからエルムSまでの4走はいずれも上がり最速をマーク。ダートの追い込みという特殊なタイプの馬の持ち味を藤岡康太騎手の馬に負荷をかけない騎乗が引き出したわけです。

高松宮記念で超高配当の立役者となったショウナンアンセムもらしさが詰まった騎乗でした。レースを今見直しても、道中に余計なことをしないから末脚が溜まる。馬を気持ちよく走らせることが上手いという点ではかなり優れた技術の持ち主です。最近だと13番人気のラプソディーアで2着に逃げ粘った祇園特別も、馬の気持ちに任せた好騎乗でした。

ただし、この「道中じたばたしない」スタイルは諸刃の剣でもあり、特に人気馬だと期待値は低め。なぜなら人気馬の場合マークされる率も高まり、ある程度の位置を取りに行く必要があるためです。サンキューユウガに騎乗し1番人気で3着に敗れた中京の3歳1勝クラスなどは、出たなりで騎乗したら位置が悪くなり差し遅れてしまいました。次走、川田騎手が位置を取りに行って人気に応えたのとは対照的で、騎手の特徴の違いがよく出ていました。基本的に人気馬やズブい馬だと信頼度は落ちます。

それを象徴するのが大型馬との相性の悪さ。520キロ以上の超大型馬に2019年以降40回騎乗しているのですが、なんと0勝。このタイプに30回以上騎乗した騎手は44人いますが、1勝もしていないのは藤岡康太騎手と丹内騎手だけ。馬質が異なるとはいえ、川田騎手が同条件で45回騎乗し15勝しているのと比べると、やはり物足りなさが残ります。

ズブイ馬は良くない…そんな中で迎えた2020年のポルックスSで騎乗したスワーヴアラミスでは、スタートから先行して押し切る競馬で勝利。このパターンが増えて来ると今後は信頼度も上がってきそうです。最近は先行意欲も高まっており、もしかすると兄のように今後はイメージを一新してくる可能性もあるかもしれません。もっとも、現状はやはり末脚を生かせるタイプこそが狙いどころです。

レースもインタビューも冷静沈着

吉田隼人

取扱説明書

1. 馬優先主義で無理をしないため新馬戦では狙いにくい
2. テン乗り時は無難乗り。狙うなら継続騎乗時か

現状　とにかく影が薄い

騎手でも馬でもそうですが、個性が強ければ強いほど馬券的には助かります。買いどころも消しどころもハッキリしている。馬でいえばゴールドシップ。上がりが掛かるタフなレースには滅法強い反面、上がりが速くなる東京や京都の外回りではアテになりませんでした。そういう意味で吉田隼人騎手は非常にわかりにくい存在です。とにかく騎乗ぶりから見えてくる特徴が少なく、言葉は悪いですが影が薄い。吉田隼騎手といえばゴールドアクターとのコンビが印象深く、筆者も好きな馬だったのでだいぶお世話になりましたが、それでも馬のイメージはあるものの騎手のイメージは薄いというのが正直なところです。

特徴　馬優先　消極的　乗り替わり＜継続

なぜそう感じるかというと、やはりレースぶりにありそうです。吉田隼騎手は基本的に積極的なタイプではない。ゴールドアクターで有馬記念を制した際のインタビューなどを見ても、喜びを爆発させることはなく終始冷静で物静かな印象が強く、序章で触れた通り性格と騎乗ぶりが一致するタイプで、レースぶりもそのイメージ通り。２０１９年唯一の重賞制覇となったファルコンＳでも、ハッピーアワーに騎乗し、後方待機からの大外一気。

	着度数	勝率	連対率	複勝率	単回値	複回値
2018	41 − 56 − 48 − 459 / 604	6.8	16.1	24.0	78	69
2019	59 − 44 − 47 − 487 / 637	9.3	16.2	23.5	83	80
2020	9 − 9 − 13 − 88 / 119	7.6	15.1	26.1	31	65

その後も同馬とのコンビでは常に折り合い重視で後方の位置取りが続きました。したがって、ハマればハイペースに乗じて差して来ることは可能で、ロンドンタウンとのコンビではマーチＳ＆アンタレスＳで連続好走、シンザン記念のマイネルフラップでの強烈な追い込みやリエノテソーロで挑んだＮＨＫマイルＣでの差し脚も印象的です。

ただ、そうそう差し追い込みがハマるわけではない。その特徴を端的に表しているのが新馬戦の成績です。本校執筆時点で、２０１８年の12月にタニノドラマで制して以降、48連敗中。その間３番人気以内の馬に11頭騎乗しているのですから、やはり〝新馬の吉田隼人は馬券的には買えない〟といえそうです。なぜ新馬戦で結果が出ないのか？　その最大の要因は消極性にあります。新馬戦は先を見据えることが多く、勝負というよりは経験を積む場でもある。結果的にスローペースになりやすく、前に行く馬が有利になりやすい。そんな中でも吉田隼騎手は良くも悪くも馬優先主義で無茶をしない。その結果が新馬戦での成績の悪さに繋がっているといえそうです。

基本的に保守的なスタイルなので、乗り替わりよりは継続騎乗の方が合っている。乗り替わりでは前走を踏襲した無難な騎乗に終始しがちで、思い切った競馬をして馬の新たな一面を引き出すようなスパイスとしての魅力には欠けます。

変化があるとすれば継続騎乗時。シシリエンヌとのコンビで穴をあけたケースでは、２走目で思い切った先行策、珍しくスタートからガシガシと先行しての穴激走でした。ただ、このパターンも法則性があるわけではないので、読めるかというと微妙なところ。控える競馬が多いとはいっても、前述の藤岡康太騎手ほどの強烈な個性があるわけではないので、やっぱり馬券的にはちょっと難しいタイプといえそうです。

なんか微妙なことばかり書いた気がしますが、それでも年間50勝以上をしていて、人気馬での成績もまずまずなので下手なわけがない。ただ特徴が掴みづらいという点で、わかる騎手ほど馬券的には重宝する…という意味では難しい存在ということです。もう少し特徴を出して来てくれるとありがたいのですが、それはコチラのわがままですかね。

悩める中堅ジョッキー

浜中 俊

取扱説明書

1 フィジカルよりヘッドワーク。馬場読み精度は高い

2 インにこだわる騎乗が多く、芝内枠の逃げ先行が狙い目

現状　ダービー勝つも復活とまでは…

2012年には若きリーディングジョッキーとして飛躍しましたが、その後は伸び悩み傾向。2019年にはロジャーバローズとのコンビで日本ダービーを制し、ダービージョッキーの仲間入りを果たしましたが、その後ダービー特需は感じられず、むしろ再び低迷気味です。かつてのリーディングも今や外国人騎手や若手の新興勢力に押され気味。悩める中堅ジョッキーという感じでしょうか。また、ミッキーアイルでのラフプレーや、2017年フィリーズレビューのレーヌミノルでの強引な仕掛けなど、どうにも目立つところでやらかしがち。レーヌミノルは次走で池添騎手に乗り替わり桜花賞を制したこともあり、より印象の悪さが目立ってしまっています。

特徴　馬場読み力高い　芝の内枠◎

そうはいってもかつてのリーディングジョッキー、やはり騎手として高い技量を持っているのは間違いない。その中でも一番評価できるのは〝馬場読み力〟です。恐らくですが浜中騎手はフィジカルが強いタイプではない。だからこそヘッドワーク、つまり〝考える騎乗〟で結果を出す必要がある。その顕著な例が昨年のダービーは最内枠から

	着度数	勝率	連対率	複勝率	単回値	複回値
2018	66 − 71 − 66 − 433 / 636	10.4	21.5	31.9	79	83
2019	48 − 59 − 52 − 357 / 516	9.3	20.7	30.8	89	82
2020	0 − 0 − 0 − 0 / 0	-	-	-	-	-

終始ロスなく立ち回り勝利しましたが、その伏線は前日にありました。ダービー前日、同じ芝２４００m戦でラクローチェに騎乗すると、外枠からラチ沿いを通り好走。あの時点でダービーでも内枠を生かす競馬をすると決めたのではないでしょうか？

　イベリスとのコンビでアーリントンカップを制した週末も印象的。この週末、芝のレースではすべてインを突いていました。特に象徴的だったのはアークロイヤルで挑んだ翌日の芝１６００mの未勝利戦。前日イベリスで逃げ切りを決めたことで内が伸びると確信したのか、８枠16番から明らかに意識的にインに入れ、直線も最内を突く騎乗で挑みました。結果的に負けたとはいえ、浜中騎手の馬場へのこだわりを感じる騎乗ぶりでした。さらにこの日は、９レースの千種川特別でも最内枠のタイセイアベニールに騎乗すると好枠を生かして10番人気2着と好走、芝レース全体の成績を見ても内枠の成績が良く、インの逃げ先行を得意としています。

　そもそも浜中騎手が特殊馬場に強いのは今に始まったことではありません。初めて高い馬場読み力を感じたのは２０１３年の夏の中京開催の４週目。福永騎手の項目でも触れましたが、中京の芝は伸びどころが難しく、この週末は顕著に外、そして差しが有利でした。その中で完全に伸びどころを掴んでおり、芝１４００mで６戦６勝の快挙を達成したのが浜中騎手でした。当時から馬場読み力は健在なのです。

　怪我での離脱がありましたが、本稿締め切り直前に戦線復帰。すると復帰した週の日曜日に早速見せ場を作りました。アイキャンテーラー、ナルハヤで2連勝を決めると、メインの阪急杯ではベストアクターとのコンビで挑みます。開幕週に加えて自身も逃げ切りで2勝を挙げていたのでイン有利の意識があったのでしょう、14番枠からロスを最小限に抑えて運ぶと、直線鋭く伸びてフィアーノロマーノ以下を差し切り、復帰週での重賞制覇を飾るとともに、改めて馬場の伸びどころへの意識の高さを見せました。

　近年は騎乗停止や怪我などもあり安定した成績を残せていませんが、馬への当たりは柔らかくスピードのある馬やキレる馬、牝馬などの脚を引き出すのは上手いジョッキーです。一度トップを取った実力はあるわけで、自身の強みを生かせれば再浮上もあるはずです。

衰え知らずの〝ファンタジスタ〟

横山典弘

現状

変幻自在の手腕は健在

私に騎手を見る楽しさを教えてくれたのはこの人かもしれません。煮え切らない競馬が続いていたカンパニーを先行させ、後にGI馬として育て上げた2009年から10年余り、未だにその腕は健在です。意外かもしれませんが、横山典騎手がJRAのGIで馬券に絡んだのは2017年、アエロリットで制したNHKマイルCが最後。それでも随所に名手らしい職人芸を見せてくれています。回収率がどうとか、数字がどうとかそういうものを超えた凄さが横山典騎手にはあります。随所に見せる神業的な先行策やイン突き、逃げは健在、2018年のJBCレディスクラシックでのアンジュデジールの騎乗や、地味なところでは2020年年明けにキングオブコージと挑んだ1勝クラスのレースで見せた勝利などは外枠から見事にインで脚を溜めて抜け出すという、世界でも横山典騎手しかできないのではないかと思える神騎乗でした。

取扱説明書

1. 継続騎乗で馬の特性を生かし切る職人。中山で特注
2. 外からの差しを封じることが多い。相手選びは内枠から

特徴

継続騎乗◎

中山得意

横山典騎手の持ち味の一つは継続騎乗の中で馬を作り上げていくこと。トロワゼトワルの京成杯AHはまさにそのパターンでした。同馬はそれまで好位~差す競馬で結果を出してきていましたが、突発的にも思える逃げは決して予想できないものではありませんでした。当時、

	着度数	勝率	連対率	複勝率	単回値	複回値
2018	49－39－33－321／442	11.1	19.9	27.4	133	80
2019	43－35－39－277／394	10.9	19.8	29.7	121	86
2020	11－6－9－47／73	15.1	23.3	35.6	81	79

本命トロワゼトワルで配信した予想をご覧下さい。

「（前略）横山典騎手ならば思い切った逃げ、あるいは先行策からの立ち回り勝負に持ち込み、上位争いに加わって来れそうだ」

なぜ逃げることを読めたかというと、理由は2点あります。1点はそれまでの2度の騎乗で馬の癖を掴んでいるように思えたこと。基本的にテン乗りだと馬の行く気に任せた騎乗をするので、例えばズブい馬や行きっぷりの悪い馬に乗ると後ろの位置取りになる。よく言われる「ポツン」も基本的にはそのパターンです。決して騎手の気まぐれではない。

2つ目は得意の中山だったこと。やはり騎手の腕でどうにかなる小回りの中山の方が圧倒的に成績が良い。2019年の東京と中山の成績を比べても一目瞭然です。

▼東京　19－14－14－135／182
単勝回収率97%　複勝回収率65%
▼中山　25－16－20－84／145
単勝回収率199%　複勝回収率116%

それともう一つ横山典騎手を買う上で重要なのは、内枠を連れて来るということです。あまりに鮮やかに逃げ切り、あるいはイン差しを決めるので、後続から外を回すと届かない展開になりがちなのです。青葉賞はリオンリオンで勝利、2着3番、3着5番。京成杯AHは3着に2番枠の10番人気ジャンダルム。セントライト記念はリオンリオンで勝利、2着2番、3着1番。アルゼンチン共和国杯はムイトオブリガードで勝利、2着2番、3着1番、横山典騎手が芝重賞を勝つと、とにかくヒモに内枠を連れてきます。もちろん偶然ではありません。

肉体は衰えても才能は色あせない。横山典騎手を見ているとつくづくそう感じます。今後も随所にプロらしいプレーを見せてくれるでしょう。たまに無気力に見える騎乗があるかもしれませんが、実はだいたい読めるので、ポツンに怒っているようではまだまだ見抜けていない。

それともうひとつ、出たなりのレースには馬に負荷をかけない効果があるのでしょう。横山典騎手が前走で乗った馬は乗り替わっても好結果で、重賞でもスワーヴリチャードのジャパンカップや七夕賞のミッキースワローなどは〝前走・横山典〟でした。

お金を賭けて後悔しないジョッキー

和田竜二

取扱説明書

1 強気の先行策で、不利な「芝の外枠」でも好成績をキープ

2 馬場状態次第では、強気のインベタが仇になることも…

現状 19年も随所に存在感

テイエムオペラオーで8戦8勝、古馬中長距離GⅠ完全制覇を果たした2000年から20年。今思えばまだ20代前半でプレッシャーを跳ね除けて勝ち続けたのは見事ですが、その後の活躍を見ているとやはり騎手の腕やメンタルの強さあってのことだったのでしょう。以後、GⅠ制覇は2018年、ミッキーロケットの宝塚記念だけですが随所に存在感を見せ、その諦めない騎乗ぶりはファンの支持も高く、2019年もシゲルピンクダイヤとのコンビでクラシックを沸かせてくれました。見た目の雰囲気も騎乗ぶりもとても若々しく、人気馬や穴馬、芝ダートなどを問わず幅広い舞台での活躍が目立ちます。

特徴 強気 芝外枠・短距離◎

和田騎手の騎乗をひとことで説明すれば、〝強気〟。ミッキーロケットでも内枠から強気の先行策で勝利、2019年、シゲルピンクダイヤで2着に突っ込んだ桜花賞は、外枠ながら直線は馬群を割って鋭く伸びてきました。2~5着までクビ・ハナ・クビ差の接戦だったことを考えても、和田騎手の腕で掴んだ2着だったといえるでしょう。

データで見てもその強気さがわかります。というのも芝の外枠の成績が良い。レースを観ていても外枠から強気に出して行く、あるいは外枠から思い切ってインに入

※若き日の和田騎手はテイエムオペラオーでGⅠ勝利をすると、インタビューで「シャーッ！」と雄叫びを上げるのがお馴染みだった。

	着度数	勝率	連対率	複勝率	単回値	複回値
2018	71 − 87 − 65 − 614 / 837	8.5	18.9	26.6	62	72
2019	66 − 83 − 83 − 691 / 923	7.2	16.1	25.1	60	70
2020	10 − 19 − 8 − 115 / 152	6.6	19.1	24.3	88	72

れるというパターンが多く、通常不利と言われる条件でも成績が落ちないのは頼もしいところです。

ただ、その強気がアダになるケースもある。好例は2019年の七夕賞です。レース当日は福島の芝らしく荒れ馬場で、結果もミッキースワロー以下、外を回った組が上位を占めました。その中で絶好ともいえる8枠16番と大外枠から出た和田騎手でしたが、スタートを決めてインをチラリと見やると、すぐさま進路を切り替えて馬群の中へ。コーナー〜直線もずっとインを突く形になり、結果的には伸びないところを終始通らされる羽目になり7着。外が伸びるケースでも割と強気に内に突っ込んでいきがちな点は覚えておきたいところ。

強気が活きるのは短距離戦。ファンタジストで2着に入ったセントウルSは和田騎手らしい好騎乗でした。武豊騎手の技術でスプリングSでは2着になっていた馬ですが、1200mのスピードに対応するには和田騎手の思い切りの良さがあった方が良かった。前走の北九州記念では武豊騎手が騎乗し最後方追走から見せ場なく敗れた同馬を、テンからガシガシ押して2番手を確保、直線も粘らせました。この強気のガシガシこそが、あの20年前の「シャーッ!」の和田騎手(※)らしさなのです。

ファンタジストは1200mの重賞で2度好走していますが、2歳時の小倉2歳S(武豊騎手)と3歳時のセントウルS(和田騎手)とではまるでレースぶりが異なりました。この両者は、かつてワンダーアキュートでもまったく異なるレースぶりを見せていました。この違いは騎手によって馬のレースぶりも変わる典型といえます。

長年大手馬主以外でも結果を出し続けてきただけに成績に大きなブレはなく、まだまだ活躍が期待できそうです。穴という意味ではマイネル軍団の馬やテイエムの馬、あとはサンライズなどの冠名で知られる松岡オーナーでも注意。また最近はオールフォーラヴなど、ロードホースクラブの馬での活躍も目立つようになっています。キッチリ前に行って位置を取ってくれるので、人気馬での信頼度も高めです。時に強気がアダになるケースもありますが、基本的には頼りになる、お金を賭けて後悔しないジョッキーといえます。

本稿締め切り間際にはフェアリーポルカで中山牝馬Sを制し、2018年9月以来、約1年半ぶりの重賞制覇。和田騎手らしい強気の競馬が光りました。

心優しきフィジカル怪人

幸 英明

現状

44歳となった今も衰え知らず

かつては年間1000回騎乗を記録したこともあるように、鉄人として知られる幸英明騎手。幸騎手の凄さを物語るのは、その安定した勝ち星でしょう。年間100勝に到達したことは一度もない、いわばリーディング争いに絡むほどではないのですが、過去20年で見てもほぼ50勝～60勝台で安定している。大きなケガがあっても復帰が早く、レースでも最後までビッシリ追って来れる、強気の先行策が持ち味で、馬群に突っ込むことも厭わない。ヴェンジェンスとのコンビで挑んだみやこSでも激流を強気に仕掛け押し切り、セイウンコウセイと久々にコンビを組んだ2019年の高松宮記念でもスタートを決めるとラチ沿いを追走、直線でもビッシリ追って粘り込ませました。

特徴

諦めない ダート・積極策で穴

幸騎手の鉄人ぶりをご紹介しましたが、昨年の年明けに復帰以後は騎乗数を少しセーブ気味。もっとも騎乗の質は上がっているようで、特に2019年の夏を過ぎたあたりから穴での一撃が目立ちます。7番人気以下の伏兵馬での成績をご覧下さい。

▼2019年2～8月　4勝　勝率　1・6%

取扱説明書

1 積極策から諦めずに追いまくり、手応え以上に伸びてくる

2 先行意識が強いため、人気馬での信頼度も平均以上

	着度数	勝率	連対率	複勝率	単回値	複回値
2018	61 − 53 − 63 − 667 / 844	7.2	13.5	21.0	65	56
2019	61 − 60 − 74 − 567 / 762	8.0	15.9	25.6	121	90
2020	11 − 15 − 9 − 88 / 123	8.9	21.1	28.5	73	103

▼2019年9月以降（2020年2回開催終了まで）
9勝　勝率4・4％

ご覧の通り、明らかに向上しています。複勝率ベースで見てもやはり日を追うごとに上昇している。さすがの幸騎手でも大きな落馬事故の影響はまったくなかったとは言い難い。そのケガが癒え、さらにもともと人気になりにくい面もあるので妙味が増しているわけです。

騎乗スタイルを分析すると、やはり積極策が目立ちます。かつてのホッコータルマエとのコンビのイメージ通り自慢のフィジカルの強さで諦めずに追い続けるので、その叱咤に応えて馬が伸びて来るパターンが多く見られます。エイリアスで挑んださざんか賞では、普通のベテラン騎手なら諦めてしまいそうな前が詰まった状況の中で進路を切り替えて内から伸びて3着、タガノジェロディではスタートを決めてガシガシ出して行って粘り込み、ムジカと挑んだ1月の未勝利戦では出遅れて最後方追走ながら諦めずに追って、直線は次点を1秒4も上回る上がりで3着に突っ込んでいます。乗り替わりでの穴が多く、ストロングタイタンで挑んだリゲルSやメイショウタカトラでの境港特別など特別レースでも穴をあけています。

また、幸騎手の諦めなさを象徴するのがヴァニラアイスで挑んだ端午S（7番人気1着）、スズカフェスタで挑んだドンカスターC（8番人気1着）でしょう。実はこの2レースはいずれも2着がケイアイターコイズでした。ケイアイターコイズは能力こそ高いのですが追われて甘い面がある馬。いずれのレースでも直線入り口での手応えはケイアイが明らかに優勢でしたが、幸騎手がインからガシガシ追い続け、最後の伸びに繋げました。基本的に位置を取ってくれるので人気馬での信頼度も平均以上で、特に総じてパワーを問われるダートでの信頼度が高い騎手です。

もうすっかりベテランの域に入った幸騎手ですが、大きなケガを経ても現状は衰え知らず。幸騎手がもし馬だったらホッコータルマエのようなイメージかもしれません（笑）。追ってしぶとく、最後まで諦めない、派手さはないが常に安定感がある。外国人騎手全盛時代の中でも埋もれずに活躍を続けているので、今後も穴ジョッキーとして注目でしょう。

内田博幸

騎乗馬がゴールドシップ化する⁉

取扱説明書

1 大型馬を動かす腕っぷし。実際、好走率も回収率も優秀

2 繊細なタイプ、軽いスピード型との相性は今ひとつ

現状
ダートでの活躍目立つ

内田騎手といえばやはりゴールドシップとのコンビでしょう。大怪我からの復帰後にめぐり逢い、皐月賞、菊花賞、有馬記念他、数々のビッグレースをなかなか見られない大マクリスタイルで制した印象は強烈でした。ただ、内田騎手が騎乗するとどんな馬でもゴールドシップのようなレースぶりになってしまう面があります。スタートから馬が進んでいかず、道中から手綱が動き、4コーナーでは大外から進出…こんなシーンを何度見たことでしょう。良い意味でその持ち味が生きたのがノンコノユメやクレッシェンドラヴとのコンビでしょう。ノンコノユメでは2018年の根岸S～フェブラリーSで大外から伸びて勝利。クレッシェンドラヴでもコーナーから強気に仕掛ける競馬で、福島記念を制しました。

特徴
大型馬を動かす
快速馬は微妙

内田騎手のイメージといえば、これもゴールドシップで定着したのかもしれませんが「大型馬を力づくで動かす」ということ。もともと体操選手でもあるためフィジカルが強く、個人的にもアポロケンタッキーとのコンビで挑んだ2016年の東京大賞典は忘れられません。当時565キロを誇った同馬を、スタートから先行させ、ビシビシ追って最後まで脚を使い切った。前任の松若騎

	着度数	勝率	連対率	複勝率	単回値	複回値
2018	71 － 74 － 68 － 683 ／ 896	7.9	16.2	23.8	53	56
2019	50 － 62 － 50 － 578 ／ 740	6.8	15.1	21.9	56	70
2020	3 － 1 － 5 － 91 ／ 100	3.0	4.0	9.0	18	22

手とはまったく異なるパワフルな追い方には、現地で観ていて（馬券で儲かったというのもありますが）感動すら覚えました。

関係者も「大型馬を動かす」というイメージを持っているのでしょう。内田騎手にはとにかくデカい馬の依頼が多く来ます。2019年以降直近まで、520キロを超えるいわば超大型馬に騎乗した回数はなんと96回。これはルメール騎手の90回よりも多く、すべての騎手の中で一番。つまり、「内田騎手はデカい馬を何とかしてくれる」と思われているのです。そのイメージは既にファンにも浸透しきっているわけですが、未だに期待値も高い。

▼全成績　勝率／6・3％
複勝率／20・4％　複勝回収率／65％

▼520キロ以上限定　勝率／6・3％
複勝率／28・1％　複勝回収率／95％

勝率こそ変わりませんが、好走率は高い。期待されてなおそれなりに結果を出しているので、内田騎手がデカい馬を動かしてくれる…というのはやはり正しい。重賞でもロジチャリスやタニノフランケルなど大型馬で穴をあけており、注目したいパターンです。

一方で、スピードのある馬とのコンビは微妙なことも。2019年の春雷Sではレジーナフォルテと久々のコンビを組みましたが、スタートからガシガシと先行させるいつものスタイル。杉原騎手が騎乗した際はスッと先行できていたのですが、内田騎手が騎乗すると行きっぷりが悪く、結局同馬には4回騎乗し2着が一度だけでした。やはり癖が強いので、騎乗馬を選ぶことは否めません。

いずれにしても力技が武器なのでそれが生きるシチュエーション向き。芝ではスタートがイマイチなためか内枠のメリットを生かせないことも多い。逆にダートではグロワールシチーで粘ったテレビ静岡賞、ホーリーブレイズで距離短縮に対応したBSN賞など、ガシガシ先行がハマるかどうかを見極めるのもカギです。2009年にはリーディングも獲得した名手ですが、近年はややジリ貧状態。成績はここから少しずつ低下していく印象もありますが、特徴はわかりやすいので馬券的には頼もしい存在です。上手い下手よりわかることが大事、その典型的な存在と言えます。

我流を貫くアーティスト

秋山真一郎

取扱説明書

1 真骨頂は差し追い込み。負荷をかけずにズドンと穴を出す

2 人気では信頼できず。年に数度の重賞穴を仕留めたい

現状　相変わらず「腕はある」

私が好きな騎手を聞かれるとだいたい3～4番目くらいまでには答えるのが秋山真一郎騎手です。すると、だいたい「えっ」という反応をされるのですが…。秋山騎手の一般的なイメージといえば、腕はあるが積極性がない、諦めが早い、といったところでしょうか。多くの方は特に後者のイメージが強く、積極性のなさと諦めの早さが何となく不信感にもつながっているのかもしれません。しかし何度も繰り返しますが、騎手には期待するより利用する、このスタンスが大事。「腕はある」という一芸だけにフォーカスし、それが発揮されるシーンで重用すれば十分買える騎手だと思います。２０２０年は寿Sでブービー人気のウインクルサルーテに騎乗しド派手な穴をあけ初勝利を挙げましたが、スタートで少し促すと、道中は馬群でジッと溜め、コーナーもインで我慢、直線で内から伸びて来たレースぶりには痺れました。やっぱり（本気を出せば）上手い！

特徴　脱力系騎乗　人気馬×

２０１９年の秋山騎手ですが、世間的には影が薄かったかもしれません。年間28勝はデビューから20数年たちますが下から数えて2番目の数字でした。しかし、私の印象は非常に良い。その理由は２０１９年の北九州記念でしょうか。９番人気のダイメイプリンセスで同レース

	着度数	勝率	連対率	複勝率	単回値	複回値
2018	31 − 31 − 39 − 394 / 495	6.3	12.5	20.4	87	68
2019	28 − 31 − 39 − 301 / 399	7.0	14.8	24.6	83	80
2020	3 − 3 − 5 − 42 / 53	5.7	11.3	20.8	199	58

を制しましたが、当方の評価も対抗。**「ゲート不安大のデムーロはあまり合っておらず、秋山騎手に戻るのは素直に鞍上強化」**と、騎手も大きな要因でした。レースは外からの差しが届く流れが濃厚だったので、本命だった◎アンヴァルとともに秋山&藤岡康太両騎手の「脱力系騎乗」に流れが向くとみた決め打ちでした。基本的に秋山騎手は「自分から仕掛けず、追い出しを待つスタイル」がハマるレースで買うべき騎手です。

キングズガードで2着に突っ込んだみやこSも印象深い。こちらはテン乗りでしたが、キングズガードと秋山騎手は間違いなく手が合うと確信できました。当時の予想でも「秋山騎手はタイプ的にテン乗りでもこの馬の持ち味を上手く引き出せそうだ」と、騎手との相性に触れています。レースでは後方待機から追い出しを待って、ズドンと差してきました。

もっとも、良い印象がない人の気持ちもわかります。2019年以降、1番人気での成績は(2−5−8−11)と全く勝ち切れていない。積極性がないジョッキーにありがちなのですが、勝率たったの7.7%では、人気では信頼できないと言い切っても良いくらいです。レースぶりを見ても、エイティーンガールで挑んだ浜松Sでは直線包まれて出せずに8着、コンパウンダーで挑んだ2020年2月8日の2勝クラスでも9頭立てながら掲げず6着。同馬は次走同じ秋山騎手で3番人気と評価を落としたものの今度は鮮やかに差し切りを決めました。やはり人気で買うよりは気楽な立場の方が良さそうです。

我流を貫くが腕はあるアーティストタイプ、それが秋山騎手ということがおわかりいただけたでしょうか? 基本的には出たなりで馬に負荷をかけないので、真骨頂は差し追い込みにあり。ココまで挙げた以外にもキンショーユキヒメでの福島牝馬S制覇などは秋山騎手らしいレースでしたし、地味なところでは福島ダートで追い込んで9番人気2着だったホマレのレースぶりも印象的でした。

やや地味とはいえ2019年も重賞2勝、毎年30〜40勝前後ながらほぼ確実に重賞を勝っています。100勝を超えても重賞は1つ勝てるかどうか…という三浦騎手とはある意味対照的。良い印象を持てるかどうかは、年に数回ある重賞の一撃を仕留められるかどうかなのかもしれません。買いどころはわかりやすいので、あとは来たるべきチャンスを待ちましょう。

GIレース仕事人 池添謙一

取扱説明書

1 性能の高い馬の力を引き出し、大レースで大暴れ

2 ディープインパクト産駒、ロードカナロア産駒と手が合う

現状 19年も大舞台で存在感を発揮

池添騎手は野球でいえば決して花形のエース投手や4番打者ではない。それでも常にスタメンで存在感を示す、7番で30本のホームランを打つ外国人選手のような感じでしょうか。リーディング争いをするわけではない、100勝を超えるわけではない、その中でも毎年のようにGI戦線で結果を出すのはさすがとしか言いようがない。2019年も代打で回ってきた形のインディチャンプで挑んだマイルCSでは完璧な仕掛けで並み居る外国人騎手を蹴散らしGI制覇。池添謙一ここにありという存在感を示しました。かつてのスイープトウショウやオルフェーヴルなど、難しい馬のコントロールはお手の物、インディチャンプもかなり折り合いが難しいタイプでしたが、そういう意味で池添騎手に合っていたのでしょう。

特徴 大一番に強い ダート＜芝

それにしても、これほど大一番に強い騎手がいるでしょうか。通算は1184勝、そのうちGIは25勝。例えば田中勝春騎手は通算1781勝、GIは2勝。乗り馬の質も違うので一概に比べることはできないにしても、恐るべきビッグレースでの強さです。

もちろん、これだけ勝つのにはワケがある。際立つのは、前述した通り難しい馬のコントロールの上手さです。昨年でいえばインディチャンプはもちろんですが、さらに

	着度数	勝率	連対率	複勝率	単回値	複回値
2018	60－51－49－411／571	10.5	19.4	28.0	85	79
2019	65－44－37－415／561	11.6	19.4	26.0	123	73
2020	5－9－7－68／89	5.6	15.7	23.6	33	81

唸らされたのは暮れの朝日杯FS、14番人気グランレイでの3着です。1400mで勝ち上がったように非常に折り合いの難しい同馬ですが、池添騎手は出遅れても落ち着いて後方を追走。3～4コーナーから徐々に促しますが、それでもラチ沿いを離れずに追走、直線に入ると一気に外に持ち出し末脚を引き出しました。4コーナーで気合のマクリを決めて行ったタガノビューティーの和田騎手とは対照的で、改めて大一番での強さを感じさせる一戦でした。グランレイは次走のきさらぎ賞ではガツンと掛かってシンガリ負けを喫しましたが、そのことが逆に池添騎手の腕を証明したように思います。

基本的にズブい馬を動かすというよりは、性能の高い馬を上手くコントロールして引き出すのが上手い。掛かる馬はスピード性能が高いともいえますから、手が合います。オルフェーヴルはスミヨンで負けたなら仕方ない、と当時は思っていましたが、池添騎手の騎乗を見れば見るほど、凱旋門賞も池添騎手なら良かったのでは…と結論の出ない思考を今さらながら巡らせてしまいます。

というわけで基本的には差し馬が狙いですが、カワキタエンカやグァンチャーレのようにスピードのあるタイプをスッと行かせて粘らせるのも得意技。とにかく日本的なスピード競馬が向いています。それは芝とダートの成績にも表れています。

▼通算重賞勝利の内訳　83勝　芝80勝　ダート3勝

JRAはダート重賞の方が少ないとはいえ、これはかなり極端な傾向といえそうです。ちなみにダート重賞の勝利は2007年のメイショウトウコンまで遡ることになります。日本的なスピード馬向きなので、ディープインパクト産駒とは総じて相性がよく、センスの良い馬が多いロードカナロア産駒とも相性は抜群。アカネサスやジョーカナチャンなど下級条件が中心とはいえ通算複勝率が40%もあり、ベタ買いしても儲かる数値です。

これは余談なのですが、ブラストワンピースはそこまで池添騎手と手が合っていなかったのではないかと思います。有馬記念を勝ったコンビなのに何を言うかと言われそうですが…。いずれにしても、ビッグレースでの活躍は今後もまだまだ期待できそう。人気馬での信頼度も高いので、軸に最適です。

無欲の悠々自適スタイル

柴田善臣

取扱説明書

1 強気の仕掛けは皆無。流れに乗っての差しで穴を開ける

2 パターンが決まっているので、狙い頃の見極めが大事

現状　限定騎乗でボチボチと…

序章で取り上げた通り、柴田善騎手はかつて関東の中心にいましたが、今はどちらかといえば騎乗馬を絞って乗っている印象。したがってかつてのように100勝をするようなことはもうないでしょう。年間10勝や20勝という範囲で、限られた活躍になるはずです。では、そんな柴田善騎手をなぜ冒頭でも取り上げ、ココでも大きく取り上げるのか？　それはベテランジョッキーゆえにスタイルが確立されており、買いどころ、消しどころが明確なためです。繰り返しになりますが、大事なことは、〝騎手を知る〟こと。仮に目立つ活躍をすることはなくても、わかりやすい騎手として重宝するというわけです。

特徴　流れ重視　固め撃ち　芝の荒れ馬場◎

具体的に柴田善騎手の騎乗を見ていると、基本的に強気の仕掛けはしない。もともと逃げていたようなスピード馬ならともかく、差し馬をガシガシ押して先行するようなことはまずありません。逃げていた馬でも、マルターズアポジーで挑んだ小倉大賞典ではゲートで少し立ち遅れ挟まれると、その後は盛り返す素振りすら見せずほぼ最後方のままで万事休す。もう少しやる気を見せてくれよと思いますが、ココで怒ったら負け。私はかつて「公務員騎乗」、現在は「悠々自適スタイル」と呼んでいますが、それくらいある意味欲のない騎乗が目立ちます（余

	着度数	勝率	連対率	複勝率	単回値	複回値
2018	7 − 19 − 22 − 304 / 352	2.0	7.4	13.6	34	69
2019	16 − 9 − 20 − 243 / 288	5.6	8.7	15.6	104	64
2020	3 − 6 − 3 − 48 / 60	5.0	15.0	20.0	56	111

談ですが、安定していることをわかりやすく表現したまでで、公務員の方を悪く言うつもりはありません)。

顕著なのが芝での成績です。2017年以降、芝での逃げ切りがたったの1度、2017年のキークラッカー以来ありません。昨年は芝で8勝をしていますが、すべて中団からの差し切り勝ち。これが買いどころのヒントになります。同騎手を狙うなら芝、それも荒れ馬場で差しが届く状況がベストです。

柴田善騎手らしさが最もよく出たのはサンアップルトンでの連勝でしょうか。同馬は新潟で雨の中行われた岩船特別で外から差し切り、続く福島のフルーツラインカップでも外枠から出たなりで追走し差し切り勝ち。ローカルの荒れ馬場やハイペースで差しを決めるケースは、他にも序章で挙げたデンコウアンジュでの重賞2勝や、ベストアクターで制した五泉特別、リードザフィールドで制した磐梯山特別などパターン化しています。また騎乗パターンが決まっている騎手にありがちですが、同じ日に馬場さえ合えばまとめて来る傾向がある。昨年12月の中山芝ではネバーゴーンアウト、シングンバズーカで連勝、年が明けて2020年2月15日の東京芝では3戦連続で穴をあけています。重賞での好走を見ても、パイオニアバイオでのフローラSは外枠から出たなりで穴、トーセンブレスのフラワーCでも外枠から溜めて追い込みという感じでした。

人気馬に騎乗する機会はめっきりなくなりましたし、穴で頻繁に走るわけではありませんが、パターンは決まっているのでそのパターンを覚えておくことが重要です。

柴田善騎手はかつてテレビでのインタビューで、

「今は競馬に乗ることが楽しい」

と、本当に楽しそうに話していました。もともと多趣味でも知られますし、恐らく本音なのでしょう。しかし、その楽しさに大事なお金を賭けられるかというと、条件をかなり選ぶという印象。そこさえ間違わなければ割とこちらも楽しくなれる騎手だと思います。そういう意味で、騎手の研究をしていなければイライラさせられることも多かったかもしれません。「騎手に期待をするな、調べて知って利用せよ」、柴田善騎手の騎乗ぶりを見ていると改めて痛感します。

着実にステップアップ

藤田菜七子

取扱説明書

1 **ソフトな騎乗で小型馬での好成績が目立つ**

2 **ダートの差し馬が得意。脚抜きの良い馬場ならなお良し**

現状　勝ち星に比例して技術もアップ

鳴り物入りで中央競馬デビューしてから約4年。当初は明らかに人気先行、危うい騎乗も見られましたが、年々腕を上げ昨年は43勝を挙げる活躍を見せました。女性騎手2キロ減の恩恵ももちろんありましたが、勝ち星の増加に見合った腕も磨いてきている印象。やはり性別が違うということはフィジカル的な特徴も異なりますから、男性騎手とは異なる状況で馬の能力を引き出すシーンが目立ちます。基本的なスタイルは、まずスタートを決めて道中は馬をリラックスさせ末脚を引き出す好位～中団からの差し。馬のリズムを重視する戦略が目立ちます。

特徴　小型馬　継続騎乗

男性と女性でフィジカルが異なると書きましたが、その典型例が300キロ台という超小型馬での活躍でしょう。同様の傾向については約2年前に競馬雑誌『競馬王』でも触れましたが、今も変わっていません。

２０１９年から現在まで、３００キロ台の馬の成績は以下の通り。

▼11-16-14-383　勝率2・6%　複勝率9・7%
単勝回収率25%　複勝回収率39%

ご覧の通り基本的に極端に小さな馬は不利なのがセオ

	着度数	勝率	連対率	複勝率	単回値	複回値
2018	27 − 28 − 19 − 531 / 605	4.5	9.1	12.2	44	42
2019	43 − 49 − 32 − 579 / 703	6.1	13.1	17.6	44	51
2020	7 − 10 − 7 − 76 / 100	7.0	17.0	24.0	46	84

リー。ところが藤田菜七子騎手が騎乗すると以下のような成績になります。

▼1−5−2−14　勝率 4・5％　複勝率36・4％
単勝回収率30％　複勝回収率123％

騎乗回数は多くないとはいえ、複数の馬でこれだけの実績を残していますから、やはり女性騎手らしい当たりの柔らかさ、ソフトな騎乗が小柄な馬に合うということでしょう。逆に言えば大型馬は厳しく、デビュー以来通算で見ても520キロを超える超大型馬では（1−1−1−48）と苦戦。馬体重以外でも、合う馬と合わない馬が割とはっきりしているのも特徴です。デビュー以来継続騎乗で48勝、乗り替わりで48勝とイーブンですが、勝率は継続騎乗の方が倍近くあり、合う馬かどうかの判断が重要になります。ナルハヤは、藤田騎手が騎乗するようになり明らかに成績が向上しましたし、エピックスターは藤田菜七子（1−1−1−1）、その他騎手（1−0−0−6）と相性の良さが際立っています。また、ダートではタフな馬場で馬を動かすパワーには欠けるため、良馬場よりもやや重や道悪の方が成績が上がります。

個人的なことになりますが、藤田菜七子騎手を初めて勝負レースの本命馬にしたのが2020年2月9日（日）、小倉9Rの4歳上1勝クラスでした。このときの本命グランドピルエットは、前走で初めて藤田騎手が騎乗し3着。やや乗り難しそうな印象を受けましたが、同騎手ならばきちんと馬の特徴を把握して乗って来てくれると期待しました。そして、5番人気で出走したレースでは期待通りの完勝。道中モタれるシーンがありましたが、上手く矯正して末脚を伸ばしてくれました。その他のレースを観ても、よく馬のことを研究していることが見て取れます。

現状は一人だけの女性騎手ですが、今後は増える可能性があります。昨年WAJSで来日し、2020年は地方で活躍するミシェル騎手も話題を集めています。主催者側も女性騎手には大いに期待している面があり、現在の情勢は追い風です。今後も騎乗数は増えて行くことが予想されるので、早めに特徴を掴んで合う馬と合わない馬を選別できるようにしておけば良い付き合いができるジョッキーです。

意識高い〝イン突き王子〟
坂井瑠星

取扱説明書

1. 内枠からのイン突きが必殺の穴パターン。現状、外枠では軽視
2. 上級条件でも好成績。今後も穴ジョッキーとして要注目

現状

19年は人気薄で重賞3勝

２０１９年は12番人気のノーワンに騎乗したフィリーズレビューで初重賞制覇。さらに京都大賞典をドレッドノータスで、中日新聞杯をサトノガーネットで制し、重賞3勝と飛躍の1年になりました。しかも3勝はすべて人気薄。他にもアマルフィコーストとのコンビでは2戦連続2ケタ人気で馬券に絡むなど、今や穴党にとっては欠かせない存在になりつつあります。

同騎手の特徴として顕著に目立つのは、イン突き、内枠での強さです。初重賞制覇のフィリーズレビューと同日の阪神では前のレースでもミッキーブリランテでイン突きを見せており、重賞3勝はすべて7番枠より内に入っていました。

また、若手騎手のなかでは差しでの穴が多いのも特徴。ハウエバーでは出遅れからのイン突きで穴をあけており、中日新聞杯のサトノガーネットもインで脚を溜め馬群を捌いて伸びてきました。内枠の坂井、イン突きの坂井と覚えておきたいです。

特徴

穴ジョッキー

外枠＜内枠

坂井騎手というととても印象深いのが、「競馬を観るのが一番の趣味」というモチベーションの高さです。もともと単身オーストラリアへ修行に行くなど、向上心の高いタイプの騎手でしたが、その成果が出始めていると

	着度数	勝率	連対率	複勝率	単回値	複回値
2018	10 − 7 − 6 − 63 / 86	11.6	19.8	26.7	112	81
2019	30 − 36 − 45 − 414 / 525	5.7	12.6	21.1	83	106
2020	5 − 7 − 8 − 95 / 115	4.3	10.4	17.4	88	47

言えるでしょう。騎手というと若くして大金を手にしてしまうために誘惑も多いですが、昨年グリーンチャンネルで放送されたテレビ番組では「遊んでる暇なんてない」「今は競馬が第一」と話していました。実はまだデビューから間もない2016年にも「趣味は競馬」と新聞紙上の記事で話しており、デビュー前には中央競馬の全レースを予想していたそうで、当時の気持ちは今でも変わっていないようです。

その努力の成果が年々出ている印象があり、穴をあける若手ジョッキーにありがちな、「人気馬に乗るとイマイチ」というタイプでもなく、2019年以降1番人気で（8―4―3―4）と安定しています。人気馬に騎乗する際はキッチリ位置を取りに行く傾向があるので、人気薄でのギャンブル騎乗と、人気馬での確実な騎乗を使い分けられている点はとても良い。

もっとも、内枠での強さの一方で課題は外枠。特に8枠では2019年以降2勝しか挙げられておらず、芝での7〜8枠は人気薄が多いとはいえ79回騎乗し1勝のみ。内枠で穴をあける術は持っているものの、外枠で上手く脚を溜める技術はまだないのかもしれません。外枠に入った際は信頼度が下がることを覚えておく必要があります。

それと、若手騎手の中では特別レースに強いのも特徴。通常は平場で稼ぐパターンが多いですが、坂井瑠星騎手は平場も特別もほとんど成績が変わらず、結果的に儲かるのは特別レース、単勝回収率は100%を超えています。重賞初制覇から1年と経たない間に3勝を挙げたように、舞台を問わない思い切りの良さが上級条件で活きているようです。

現状、重賞での活躍が目立ちだしたものの、依然として地味な印象は拭えません。所属している矢作厩舎から安定して有力馬の供給を受けているようにバックアップはありますが、人気馬に乗る機会は多くなく、それほど買われるタイプの騎手ではないため、まだまだ穴での活躍が見られそうです。現状、特徴も割とハッキリしているので、今後も引き続き穴ジョッキーとして狙いやすい状態が続きそうな気配です。上手さが広く世間に知れ渡る前に手の内に入れて、今のうちにたくさん儲けさせてもらいましょう。

可愛い顔でド派手なレース

松若風馬

取扱説明書

1 後方一気で穴が多い。距離延長が得意という珍しいタイプ

2 リズム重視型らしく、人気馬での信頼感は今ひとつ

現状

派手さはないが好成績をキープ

２０１９年は久々に騎乗したダンビュライトで好位から抜け出し京都記念を制覇。実はこの時点で同馬とは3戦3勝。武豊やルメールといった名手が騎乗してきた馬でこの成績は立派です。陣営も相性の良さを理解したのか、その後も主戦の座をゲット。京都大賞典でも逃げの手に出て、６番人気ながら2着に粘り込みました。重賞ではその他、サラスでマーメイドSを制覇。今度は一転して追い込みの競馬でしたが、直線大外から力強く伸びて差し切り勝ちを決めました。

２０１９年はスプリンターズSでモズスーパーフレアに騎乗し2着と大舞台の活躍も徐々にみられるようになっており、勝ち星もデビュー年から一貫して40～60勝台で推移。外国人騎手の通年参戦や多くの若手騎手が台頭する中でこの成績はまずまず好成績でしょう。目立つタイプではないものの、馬券を考える上では欠かせないジョッキーになりつつあります。

特徴

差し追い込み得意
中長距離・距離延長◎

もっとも、目立つタイプではないといいつつレースぶりは割と派手なのが特徴です。その中でも印象が強いのは２０１９年夏の小倉、佐世保Sのエイシンデネブでの末脚でしょうか。テン乗りだったこのレースでは道中出

	着度数	勝率	連対率	複勝率	単回値	複回値
2018	53 − 56 − 44 − 613 / 766	6.9	14.2	20.0	70	78
2019	48 − 48 − 40 − 559 / 695	6.9	13.8	19.6	70	73
2020	5 − 8 − 6 − 82 / 101	5.0	12.9	18.8	53	48

たなりでほぼ最後方。直線入り口では絶望的な位置かと思われましたが、そこから実況も驚くほどの伸びを見せて差し切り勝ち。上がり34秒1は次点を0秒6上回るもので、スプリント戦としては極限の末脚でした。もともと小柄で馬に負荷をかけないので溜めるのが上手く、キレる差し馬とは手が合います。初の重賞制覇となった２０１５年の小倉記念でもアズマシャトルの末脚を引き出していましたし、昨夏の阿蘇Ｓではアードラーで馬群を突いて10番人気の低評価を覆し勝利を挙げています。

　馬に負荷をかけない騎乗は中距離戦での強さにも繋がっているはずです。過去の重賞6勝は芝ダート問わずすべて１８００ｍ以上。２０１９年以降は平場よりも特別戦の方が成績が良く、上級条件での強さも安定した成績の後押し材料になっています。

　また距離延長のローテに強いのも特徴。馬に負荷をかけないので、距離を持たせる技術が高い印象です。アードラーもデビュー以来初のダート１７００ｍでしたが、他にも２０１８年のリゲルＳでは１２００ｍ→１６００ｍ延長だったアサクサゲンキを持たせて10番人気2着、１４００ｍだと甘くなる面があるメイケイダイハードも、松若騎手が騎乗したＪＲＡアニバーサリーＳでは見事に距離をこなして8番人気1着と穴をあけました。その傾向は以下のデータからも出ています。（２０１９年〜）

▼距離短縮　8－15－13－163
単勝回収率32％　複勝回収率49％
▼距離延長　13－10－9－158
単勝回収率106％　複勝回収率114％

　通常競馬では距離短縮が有利ともいわれますが、松若騎手の場合は逆で、距離を持たせることで穴をあける傾向があります。

　欠点があるとすれば、人気馬での信頼度の低さ。２０１９年以降、1番人気に32回騎乗し5勝、複勝率も50％台で、複勝回収率69％はやや物足りない数字です。派手なレースをする一方で、力のある馬をオーソドックスな競馬で勝たせるのはあまり得意ではないというのが現状。特に短距離では勝ち切れないことが多く、馬券を買う上では過信禁物。人気よりも、手の合う穴馬を狙うのが基本的な取り扱い方法でしょう。

負けん気強い〝和製ライアン〟

石川裕紀人

取扱説明書

1 中山を筆頭に小回りコースが得意。大箱コースは苦手

2 逃げ馬の成績が悪く、馬場読み意識も今ひとつの印象

現状 19年は飛躍の足掛かりに

2019年はエメラルファイトとブラックホールで重賞2勝。勝ち星が大きく増えたわけではないですが、過去には大きなケガもあり半年以上の離脱を経験したことも考えれば飛躍の足掛かりを作った一年ではありました。重賞制覇も2017年にセダブリランテスとのコンビで経験していたものの当時は馬が強かったという面もあったので、そういう意味では騎手の腕で獲得したこの2つのタイトルは価値があります。実は個人的な話をすると両馬とも本命でした。それならば相性の良いジョッキーと言いたいところですが、実は勝ち切るとまでは思っていなくて馬券にはあまり繋げられなかったのです…。

特徴 小回り強い 逃げ・大箱コース不得意

石川騎手の特徴の一つは小回りでの強さでしょう。2019年には前述通り重賞2勝を挙げていますが、いずれもコーナー4回の1800m。初重賞も福島のラジオNIKKEI賞でしたから、過去3つの重賞はいずれも小回りの1800mということになります。これは偶然ではなく、重賞のみならず平場も含めてもやはり小回りの成績が良いジョッキーです。

▼中山(15−9−13−147)
▼東京(5−4−9−154)

	着度数	勝率	連対率	複勝率	単回値	複回値
2018	20 - 20 - 27 - 386 / 453	4.4	8.8	14.8	94	54
2019	28 - 15 - 28 - 377 / 448	6.3	9.6	15.8	89	92
2020	3 - 3 - 4 - 69 / 79	3.8	7.6	12.7	37	52

ご覧の通り2019年以降では中山の成績が圧倒的。勝率連対率は倍以上で、単複の回収率も中山は100%超、〝小回りの石川〟はまず覚えておきたいポイントです。ただこれは同時に課題でもあります。新潟外回り、京都外回り、阪神外回りではいずれも人気馬の騎乗が少ないとはいえ成績は芳しくなく、アップクォークで挑んだ六甲Sでも、出遅れから慌てて位置を取りに行く形で末脚を失っていました。強気の仕掛けが小回りではハマることがありますが、やや馬場に無頓着な面が感じられます。

強気の姿勢がアダになったのは、2019年のオーロカップも同様。トゥザクラウンに騎乗して参戦するとスタートから先行して2番手を追走しますが、直線は早々に失速し差し馬の台頭を許し、自身は1番人気で18着。ノド鳴りがあったりして難しい馬なのはわかりますが、同馬に福永騎手が騎乗していた時と比べると、全体に雑な印象を受けました。

2020年2月の初音Sではリープフラウミルヒに騎乗。結果だけ見れば10番人気4着と健闘した部類ですが、スムーズに先行できたものの直線は馬場の真ん中へ、しかし再びインに入れて、最後は内を突かれるというもったいない競馬でした。強気な姿勢は評価できますが、大箱のコースで駆け引きを要求されるとモロさや粗さが目立つ印象があります。加えて、逃げ馬での成績が良くないのも弱点。今後上を目指す上では、これらの課題克服がカギになりそうです。

微妙なことばかり書いてしまいましたが、人気馬では割と堅実でキッチリ位置を取ってくれますから不発は少なめ。また最近だとナムラカメタローとのコンビには注目。昨夏の北海道で初タッグを組むと、以後6戦5勝で佐賀記念を制するまで成長を遂げました。このコンビでも見られますが、逃げるよりも2番手が得意な騎手という印象をさらに強めています。

もともとライアン・ムーアを目指すと公言し、世界志向の強い騎手。2019年の秋にはマイネルミンドールでムーアを競り落とす2歳未勝利戦での追いっぷりには迫力すら感じました。インタビューなどを見ていても気が強そうで、大舞台でも物おじしない頼もしさも感じられます。技術以上に気持ちで勝負するタイプにも思えるので、上手く行けば今後大舞台での一発が期待できるタイプだと思いますが、果たして。

継続騎乗で馬を作る〝若き職人〟

野中悠太郎

現状

20年に入り活躍目立つ

クイーンCでは単勝265・5倍というという超ド級の穴馬、セイウンヴィーナスを3着に持ってきて、翌週にはオセアグレイトでダイヤモンドS3着。重賞戦線での活躍も見られるようになってきたのが野中悠太郎騎手です。勝ち星の数から行けば本書で大扱いするほどではないのですが、若き職人タイプの穴ジョッキーとして今後穴馬券を量産しそうな気配があるので取り上げます。

特徴

継続騎乗

穴リピート

取扱説明書

1 継続騎乗での成績が良く、同じ馬で何度も穴を開ける

2 乗り替わりでの上位人気は軽視。継続騎乗の1番人気は買い

野中騎手を〝若き職人〟と書きましたが、特筆すべきは継続騎乗での好走の多さです。2019年以降の継続騎乗と乗り替わりでの成績を見て頂ければ一目瞭然でしょう。

▼継続騎乗　16−26−16−223／281
勝率5・7％　3着内率20・6％　単勝回収率138％
複勝回収率118％

▼乗替り　6−19−18−404／447
勝率1・3％　3着内率9・7％　単勝回収率21％
複勝回収率66％

基本的に誰でも継続騎乗の方が成績が良いのですが、ここまで顕著な差がつくのは珍しい。データの範囲を広

	着度数	勝率	連対率	複勝率	単回値	複回値
2018	2 − 4 − 11 − 236 / 253	0.8	2.4	6.7	11	39
2019	25 − 44 − 31 − 624 / 724	3.5	9.5	13.8	70	81
2020	2 − 2 − 6 − 101 / 111	1.8	3.6	9.0	22	75

げても同様の傾向を見せており、「継続騎乗の野中」は覚えておきたいポイントです。

もともと野中騎手自身は馬乗りがとても好きな上に、自厩舎優先を掲げ、所属する根本調教師の馬を中心に騎乗するスタイル。したがってどん欲に営業して馬を集めるというよりは、馬を作っていくことに喜びを感じるタイプなのでしょう。そう考えれば継続騎乗での成績が良いのも納得です。もっとも所属する根本厩舎での成績は芳しくないのですが、これは2017年以降で見ても100頭以上騎乗して3番人気以内の馬に2頭しか乗っていないためで、むしろここでの気楽な立場での経験が他厩舎所属馬での穴に生きている印象です。同じ関東で職人気質の田辺騎手とはよく話をする間柄のようで、そういう意味でもウマが合うのかもしれません。

さて、そんな野中騎手ですが継続騎乗が得意なこともあり前述のオセアグレイトでは初勝利を含め4勝を挙げるなど、同じ馬で何度も好走&穴をあける傾向があります。例えばクロカドッグとのコンビでは未勝利戦だけで13番人気2着、12番人気3着、8番人気1着と勝ち上がりまですべて穴、レースぶりを見てもズブい馬を動かして野中騎手の腕で勝たせた内容でした。ツーエムマイスターもオープン昇級後の穴は2回とも野中騎手騎乗時。特に朱鷺Sでは各馬が外に回して差して来る中、ラチ沿いから離さずギリギリ3着に粘らす思い切りの良さを見せています。フクサンローズで挑んだ鋸山特別も2度目の騎乗で積極策に出て9着大敗から11番人気1着と一変。

逆に言えば乗り替わりだと手探りのような騎乗になりがちで、全く信頼できず。2017年以降乗り替わりでの1番人気は(0−0−0−5)と振るわず、2番人気でも(1−1−1−11)なので、野中騎手の騎乗馬が乗り替わりで人気している場合は軽視が正解です。ちなみに継続騎乗での1番人気馬は2017年以降(9−6−2−2)なので、コチラはむしろ信頼度は高く、前走の騎手をチェックすれば取捨が見えてきます。

恐らく今後も当面は関東のリーディング争いに加わるような派手な活躍は望み薄かもしれません。しかしながら、継続騎乗での成績の良さ、また単身アイルランドに渡ったこともあるようにモチベーションの高さは大きな武器。派手さはないですが、今後も穴ジョッキーとしての存在感を示してくれそうです。

2020年は飛躍の可能性アリ

鮫島克駿

現状

不運に泣いた19年から巻き返しへ

２０１９年はライオンボスで初重賞制覇に挑む予定だったアイビスサマーダッシュの前日に落馬負傷。当日は騎乗できず、ライオンボスは田辺騎手に乗り替わり重賞制覇という悔しい思いをしました。巡り合わせといえばそうですが、ちょっとしたタイミングや出会いが人生を変えるのはよくある話で、逆の意味でこうしたチャンスを逃すことは今後に大きな影響を与えかねない。昨年は結局騎乗数が3分の2に減った分、トータルの勝ち星も3分の2に減少してしまいました。しかし、明けて２０２０年、カデナとのコンビで挑んだ小倉大賞典で待望の重賞初制覇。道中は後方インをゆっくり追走すると、直線外に出し荒れた馬場も味方に差し切りを決めました。２０２０年は巻き返しの一年にできるでしょうか。

取扱説明書

1 リズム重視型で、「ローカル」「芝」「差し」「牝馬」が良い

2 イメージ以上に乗れるが人気馬での信頼度が課題

特徴

ローカル芝の差し 妙味◎

カデナのようにローカルで差しに回っての穴は鮫島駿騎手の穴パターン。クリノフウジンとのコンビでは3回の騎乗すべてで穴をあけるなど相性抜群ですし、19年の冬の小倉開催では、アリンナで15番人気3着、ブルベアオーロで15番人気3着といずれも最後方付近から末脚を伸ばして大穴を持ってきています。ココまで書いたような差し追い込みでの穴が多いのは、ＪＲＡのジョッキー

	着度数	勝率	連対率	複勝率	単回値	複回値
2018	42 － 54 － 47 － 553 / 696	6.0	13.8	20.5	78	68
2019	28 － 44 － 31 － 371 / 474	5.9	15.2	21.7	98	98
2020	6 － 10 － 7 － 74 / 97	6.2	16.5	23.7	65	89

特有の当たりの柔らかさがあるから。

したがって芝の方が好成績で牝馬との相性も◎。馬のリズムを重視するタイプで、どちらかといえば切れる馬や素軽い馬の力を引き出すことに長けているので、カデナとのコンビで結果が出ているのも納得です。芝1200mで差す競馬も得意で、前述のブルベアオーロやアリンナも同パターン、グッドレイズ、キアロスクーロ、コウエイダリア、メイショウカリンなど、同様のパターンでの好走はしばしば見られます。ただし2～3着が多めなので馬券的には工夫が必要になりそう。

同じリズム重視系の藤岡康騎手と相性が良いモズアトラクションでは鮫島駿騎手も3勝を挙げており、やはりタイプが似ている証拠でしょう。芝で決め手を使うジュンシルフィア、ダートで長く脚を使うスズカフリオーソなど、相性が良く好成績です。

もっとも、逃げ馬がダメということもなく、積極的に行くべきケースでは出して行く柔軟性もあります。もともと馬の気分を害さず走らせることができるので、スッと先手を取っての逃げ粘りはもう一つの穴パターン。2019年11月、福島芝2600mを14番人気ノーチカルチャートで逃げ切ったレースは、スタートから出して行って道中も後続に脚を使わせる絶妙な逃げでした。

課題を上げるとすれば人気馬での信頼度でしょうか。2019年以降1番人気馬に27頭騎乗し6勝、単勝回収率50%台、複勝率も50%に満たないのはかなり物足りない。馬乗り自体は上手いジョッキーなので、本来であればもっと好成績でも良いはずなのですが…。

現状大舞台での活躍はないですが、若手騎手の中ではまだまだ伸びしろがありそうなジョッキーです。あとは強い馬をキッチリ勝たせることができるかどうかが今後のカギになりそうですが、逃げも追い込みも自在な上に穴馬での好走率もかなり高いので、2020年は上手く行けば飛躍の一年になると睨んでいます。

初重賞をプレゼントしてくれたカデナとのコンビでも、まだまだ穴をあけるチャンスがありそうですし、若手騎手の中では最も注目すべきジョッキーの一人と考えています。

まだネームヴァリューが上がらない今が買い時なので、見つけたら積極的に狙って行くべきでしょう。

横山武史

随所に父のDNAを感じさせる

取扱説明書

1 現状は逃げ先行が中心も、騎乗パターンは豊富

2 前途有望な若者の一人なので、先物買いで儲けたい

現状 19年は印象深いレースが多数

実は密かにブレイクを期待しているのがこの横山武史騎手です。兄は横山和生騎手、つまり父はあの横山典騎手、サラブレッドといっても良い血筋です。しかし、注目すべきはそのレースぶり。昨年の日本ダービーでは父が乗れなくなったリオンリオンに騎乗するも逃げて失速、辛酸をなめましたが、まだ結果こそ出ていないものの重賞での印象深い騎乗がいくつかあります。

最初に強く印象に残ったのは２０１９年の函館記念。結果だけを見れば15番人気のアーバンキッドに騎乗し9着と特に目立つものではなかったですが、道中から明らかにインを意識しており、13番枠から直線までロスのない競馬。マイスタイルが逃げ切り内枠勢が台頭した立ち回り戦の中で「やれることはやった」といえる騎乗で、父のＤＮＡを感じさせました。

また年が明けて２０２０年の中山金杯でもマイネルハニーに騎乗すると、好立ち回りを見せ13番人気で5着と健闘を見せます。現状は重賞で馬券圏内に突っ込んで来れるほどの馬質がないため目立ちませんが、穴馬の立場での思い切ったチャレンジはいつか報われる日が来そうです。

特徴

現状は逃げ先行

父譲りのイン突き

	着度数	勝率	連対率	複勝率	単回値	複回値
2018	35 − 45 − 38 − 525 / 643	5.4	12.4	18.4	61	62
2019	54 − 52 − 59 − 562 / 727	7.4	14.6	22.7	74	70
2020	10 − 8 − 9 − 81 / 108	9.3	16.7	25.0	167	83

現状の基本戦略は逃げ先行。マイネルユキツバキで制した福島民友カップでは積極策を打ち押し切った他、レジェーロやエリティエールなどで、前走よりも位置を取りに行くスタイルで穴をあけています。人気馬ではありましたが、サンライズSで見せたエンゲルヘンでの思い切った逃げも印象に残っています。

とはいえ、逃げ先行一辺倒ではないのが今後への伸びシロを感じさせるポイント。例えば昨年の函館TVh杯ではパラダイスガーデンで大外一気を決めて14番人気1着と激走。五泉特別でのロジムーンでもズバッと差して来ましたし、2020年、周防灘特別ではトワイライトライフで鮮やかなイン突きを決めるなど、バリエーション豊富な騎乗を見せてくれています。勝ち星も13→35→54勝と順調に増やしてきており、騎乗ぶりを見てもただ勢いだけではない印象が強いので、まだまだ活躍が見込めそうです。

もっとも現状の活躍の中心は平場。とにかく位置を取ってくれるので、1番人気での複勝率が2019年以降63・5%とまずまずこのクラスの騎手にしては高い。エンジェルカナとのコンビでも毎回先行して好立ち回りを見せており、2020年、開幕日の4歳上1勝クラスでは、開催初日の馬場を意識して内枠からスッとハナに行くと楽々と押し切り。好判断が光るそつのないレーぶりでした。

またトミケンエンデレアとのコンビでは積極的にマクりを打ち、通算3度目の騎乗となった4歳上1勝クラスでは向こう正面で一気にハナを奪って押し切り勝ち。同馬の全成績（2−2−2−9）に対し、横山武騎手が騎乗すると（1−2−0−0）と抜群の相性の良さを見せてくれています。

見た目は勝ち星が伸びている若手騎手でも、中身を見ると勢いに任せて勝っているだけというケースもあるのですが、横山武騎手の場合は今後への伸びしろも感じさせる内容で勝っているのがポイント。恐らく前途は明るいのではないでしょうか。

現状は平場が中心ですが、例えばローカル2000m重賞や中距離のハンデ戦などで一撃がありそうな予感がします。これから数年でさらに名前が売れそうな予感がするので、ネームヴァリューのない今のうちに、手の内に入れておきたいジョッキーの一人です。

人気薄で頭突き抜けマン

丸田恭介

取扱説明書

1 徹底待機型。「差し決着」「外枠」「キレる馬」が狙い目

2 位置を取りに行かないので、人気馬より穴馬で!

現状 騎乗数少ないが隠れた名手

序章でも相性の良いジョッキーとして挙げたのがこの丸田騎手。ただ、成績だけを見れば現状はそこまで安泰とは言えないかもしれません。2019年は勝利数こそ伸ばしたものの、騎乗数は3分の2程度に激減。大きなケガがあったわけでもない中での騎乗数減は気になります。

もっとも、少々冷たい言い方にはなりますが、我々は丸田騎手の家族ではありませんから、そこは馬券という意味では気にすることはない。もともと腕の立つジョッキーであり、個性も際立っているので、そこを理解して〝良いお付き合い〟をしていけば問題はないでしょう。

特徴

差し追い込み型

内枠の人気馬×

外枠◎

穴

2017年以降、丸田騎手が重賞で馬券に絡んだのは以下の4回。これがとても偏っているのでご覧ください。

▼2017年フェアリーS
8枠15番ライジングリーズン　10番人気1着　差し
▼2018年小倉大賞典
8枠16番クインズミラーグロ　15番人気2着　差し
▼2018年七夕賞
4枠4番メドウラーク　11番人気1着　差し
▼2020年シルクロードS

	着度数	勝率	連対率	複勝率	単回値	複回値
2018	16 − 26 − 34 − 457 / 533	3.0	7.9	14.3	56	77
2019	22 − 17 − 15 − 311 / 365	6.0	10.7	14.8	126	71
2020	3 − 2 − 3 − 58 / 66	4.5	7.6	12.1	165	112

7枠15番ナランフレグ　8番人気3着　追い込み

　ご覧の通り、すべてが差し追い込み。そもそもこの間重賞に31回騎乗しているのですが、そのうち逃げ先行を選択したのはたったの5回。先行有利と言われる現代競馬の中で、まさに異質な存在がこの丸田騎手なのです。また、外枠が得意なのも特徴で、基本的にゲートから何もせずに脚を溜める、リラックスして走らせる、ということに主眼を置くスタイルなので位置取りは後ろになりがち。あとはハマるかハマらないか…ということです。なので、ハマればアタマ付近まで持ってくるので破壊力抜群。普通2ケタ人気馬だと2～3着が増えるものですが、丸田騎手の場合はアタマまで突き抜けます。近年はその傾向に磨きが掛かっており、2019年以降の2ケタ人気馬での成績は(5−3−3−198)と、2～3着よりアタマが多い。打率は高くないけど常にバットを長く持って思い切り振るから、当たればドデカいホームランを打つ…そんな個性派というわけです。

　どうも丸田愛が溢れてしまっていますが、もちろんだからこそ買いたくない場面もあります。まず積極性が足りないので人気馬はあまりアテにならない。なぜなら人気馬では細かな技術や脚を溜めることよりも、前に行くことが確実性に繋がるのですが、丸田騎手にはそれがない。1番人気での信頼度は低めで、特に1～2枠に入ると、2017年以降でみても6度騎乗して未勝利。2019年12月7日の3歳上1勝クラスで騎乗したナイスプリンセスはまさにこのパターンで、1枠2番からスタートすると出たなりで位置を落とし後方待機。直線外から伸びたものの逃げた11番人気のザベストエバーがまんまと逃げ切り、ナイスプリンセスは上がり最速で追い込むも4着でした。かつてのダノンレジェンドやリトルゲルダのように逃げ先行が下手ではないのですが、基本馬なりなので丸田騎手の逃げ先行馬は出たなりで行けるくらいのスピードが必要というわけです。

　乗り馬の減少は丸田騎手の生活を考えると気になりますが、大きなお世話というものでしょう。年に1～2回は重賞でもドカンと突っ込んで来る機会があるので、その時を待ちたい。差しが届く展開や馬場、外枠、キレる馬が狙いどころです。2020年も取り扱い方さえ間違わなければ、頼りになるジョッキーだと思います。

未来のトップジョッキー候補

団野大成

取扱説明書

1 1年目から差しでの活躍が目立つ。将来性は十分

2 逃げでの好走も増加。名前の売れる前にしっかり儲けたい

現状　巧みな差しで前途洋々

２０１９年デビューの新人騎手の中で、当初から光るものを感じていたのがこの団野大成騎手です。同世代では斎藤新騎手がいち早く勝利を挙げ注目を集めていましたが、個人的に気になっていたのは団野騎手。このことについては、ウマニティで連載中のコラム『競馬研究室』で昨年の夏に以下のように触れています。

「団野騎手の新人らしからぬところは、差し馬での好走の多さだ。普通、新人騎手や若手騎手といえば減量を生かして主に短距離での逃げ先行に活路を見いだす。だが、団野騎手の場合はむしろ脚を溜めて差して来るパターンが多い。（中略）レースぶりを見ていても脚を溜めるのが上手く、バランスが非常に良いように見える。だから馬の伸びが良く、持っている脚を上手く引き出している印象だ」

その後を見ていてもやはり逃げよりは差し馬の方が明らかに期待値が高く、２０１９年12月の中京・浜松ステークスでは12番人気タケショウベストに騎乗し馬群を捌いて3着と波乱を演出しました。

特徴　差しタイプ　先行率上昇中

差し馬での活躍の理由の一つは、単純な話ですが団野騎手自身が差すのが好きなのではないでしょうか。とい

	着度数	勝率	連対率	複勝率	単回値	複回値
2018	- - - - - - - - / -	-	-	-	-	-
2019	26 − 28 − 29 − 349 / 432	6.0	12.5	19.2	62	99
2020	11 − 14 − 12 − 91 / 128	8.6	19.5	28.9	75	77

うのも、日刊スポーツのインタビュー動画の中でも「中距離が得意」と自ら口にしています。つまり、テンからガンガン飛ばすスタイルよりも、控えて戦略を練る方が性に合うのでしょう。初勝利を挙げたタガノジーニアスとのコンビでも、好位の馬群に収まり直線では外から差し切っていました。

もっとも、そのスタイルは弱点でもある。というのも、デビュー以来芝の1～3枠では77戦して未だに未勝利。特に1枠では22回騎乗して馬券に一度も絡んでいません。もちろん人気馬に騎乗する機会がまだ少ないこともありますから今後このデータはすぐに崩れるでしょうが、現状は差し馬の穴を狙う方が美味しい馬券に繋がりそうです。

ただ、良い意味で気になる点も一つあります。それは2020年になり逃げでの好走が増え始めたことです。2020年1月は2勝を逃げ切りで挙げ、2月に入ると16回逃げて4勝2着5回の好成績。2月最終週の小倉では、土曜の帆柱山特別で8番人気ノボベイビーに騎乗。各馬が荒れたインを避ける中、積極果敢にラチ沿いを逃げて2着に粘らせると、翌日は5番人気マイエンフェルトでやはり逃げの手を打ち、直線も後続を封じてまんまと逃げ切り勝ち。馬場を見て臨機応変に対応するクレバーさも見せてくれました。あまり入稿直前でイレギュラーなことをされると原稿の上では困るのですが…（笑）。っと、これは冗談ですが、まだ若い騎手ゆえに、今後さらにオプションが増えて行けば勝ち星も増えて行く気がしています。

まだデビュー2年目のジョッキーでもあり傾向は読み切れない部分もありますが、対応力が高くバランスも良いので、今後も世代トップクラスの騎手として活躍の場を広げて行きそうです。人気馬でも比較的堅実で、デビュー以来1番人気で70％の複勝率は優秀です。そして、さらに締め切り直前にドデカイ大穴をあけてくれました。中山牝馬Sで14番人気リュヌルージュを2着に持ってきたのです。自ら得意とする中距離での一撃は、全国の穴党にも強く印象付けたことでしょう、今後穴ジョッキーとして名前が売れ始める前にまだまだチャンスがあると思うので、今のうちに特徴を掴んでおきたいですね。

西村淳也

若さと勢い&積極策で穴を量産

取扱説明書

1 逃げ選択率が高く馬場読みも得意なので、ローカル芝が狙い目

2 馬券的には、減量を活かせるうちに徹底的に回収したい

現状 19年は勝ち星大幅増

2019年、もっとも飛躍を遂げた騎手といっても良いかもしれません。デビュー年の13勝から一気にジャンプアップの55勝を挙げ、一躍関西の乗れる若手として台頭してきました。まだ重賞での活躍はありませんが、平場と比べて特別戦での成績も大きな落ち込みはなく、穴での活躍も目立ちます。オープンでもシャイニービームに騎乗した米子Sでは、本人曰く「意識的に出して行った」という積極的な騎乗で11番人気ながら3着と波乱を演出。この騎乗に代表されるように、とにかく前に行く姿勢が強く、強気の騎乗が勝ち星の量産に繋がっています。

特徴 逃げ志向高い 馬場読み力

西村騎手の一番の特徴は前述したように積極的な競馬。逃げ先行率が高く、減量を生かした戦略が功を奏し勝ち星を量産しています。2019年以降の66勝のうち逃げ切りが19回と非常に多く、そもそも逃げ率が非常に高くなっています。以下の数字をご覧ください。

▼2019年以降　全騎手の平均逃げ率　7・4%
▼同　西村淳也騎手の逃げ率　12・4%

この数字を見ても一目瞭然。いかに積極的な競馬を試

	着度数	勝率	連対率	複勝率	単回値	複回値
2018	13 − 21 − 26 − 346 / 406	3.2	8.4	14.8	72	87
2019	55 − 56 − 60 − 475 / 646	8.5	17.2	26.5	95	97
2020	11 − 12 − 14 − 105 / 142	7.7	16.2	26.1	63	80

みているかがおわかりでしょう。なお参考までに、秋山騎手は同２・７％、丸田騎手は同１・６％です。騎手を知らないということは、このようなことも知らないで馬券を買っているわけです。それがいかに馬券戦略上不利になるか…説明するまでもないはずです。

さて話は西村騎手に戻りますが、やはり競馬の基本は前。積極策を打てる技術やスタートの速さ、そして攻めて行けるメンタルがあるということは、それだけで穴ジョッキーとしての価値を高めます。２０１９年10月の三年坂特別では、平地競馬で4年以上馬券に絡んでいない単勝オッズ２７３・６倍のシベリアンタイガーで2着に突っ込んできましたが、このときもスタートから積極的に出して行く競馬が功を奏しました。この日の京都ではひと鞍しか騎乗しておらず、まさに渾身の一撃だったのではないでしょうか。

また、飛躍を支えるもう一つの要因が〝馬場読み力〟の高さではないでしょうか？　特に唸らされたのは２０１９年8月31日の北九州短距離Ｓ。この時の小倉は最終週で既に内がかなり荒れている状態。最内枠を引かされて相当厳しい競馬になることが予想されました。ところが、馬場を見切っていたかのように好スタートを決めると迷わず外に持ち出しラチ沿いを空けて逃げます。多少強引なところはあったものの、内で包まれて馬場の悪いところを走らされることなく、むしろ逃げながら馬場の良いところを選ぶ形となりました。この時の様子はパトロールフィルムをＪＲＡのホームページから確認できるので是非見ていただきたい。結果的にメイショウカズヒメは9番人気を覆して逃げ切り勝ち。

スタートが上手く馬場を読めるので、ローカルで馬場が荒れやすい小倉や福島の芝では特に成績が良く、単複ともにベタ買いでも儲かるくらいの美味しいジョッキーとなっています。

現状は穴ジョッキーとしての存在感が際立っていますが、課題があるとすれば信頼度でしょうか。1番人気での成績もイマイチで、1倍台の馬にも5頭騎乗し1勝のみというのは少々寂しい気がします。

現状は若さと勢い＆積極策で結果が出ていますが、減量が取れたころに真価が問われるかもしれません。とりあえず今は儲かるジョッキーには違いないので、馬券的な意味では稼げるうちにガッツリ稼いでおきたいですね。

奔放さと緻密さのハイブリッド

松岡正海

現状 成績以上の存在感を発揮

今から10年前、２０１０年には年間１００勝を挙げ関東の中心にいたのが松岡正海騎手です。馬券的にも頼もしいジョッキーで、かつてはサンツェッペリンでの皐月賞2着や、コイウタ、マイネルキッツなど大舞台での印象的な穴もあけています。また２００５年のディープインパクトが3冠に挑んだ菊花賞では、各騎手が戦前から白旗を挙げる中で松岡騎手だけは「勝ちに行く」とファイティングポーズを崩さなかったのも強烈な印象として今でも記憶に残っています。もっとも、その後は成績だけを見るとジリ貧状態。２０１９年はついに22勝と、全盛期の5分の1近くまで数字を落としてしまいました。それでも成績の割に存在感があるのはウインブライトでの活躍があるためか、あるいは明るいキャラクターからでしょうか。２０２０年も年明けの中山金杯ではウインイクシードで2着に突っ込み好スタートを切りましたが、その後落馬事故により長期離脱をすることになってしまいました。

取扱説明書

1. 中山∨東京が明白。東京での人気馬は疑ってかかりたい
2. 継続騎乗で馬を作っていくタイプ。ウインとのコンビは特注

特徴 中山得意 継続騎乗◎

松岡騎手といえばまず特筆すべきは中山競馬場での強さでしょう。もともとフィジカルで勝負する体力系ではなく、どちらかといえばヘッドワークや立ち回りで勝負するタイプ。東京だと追い負けるシーンもありますが、小

	着度数	勝率	連対率	複勝率	単回値	複回値
2018	35 － 32 － 28 － 575 / 670	5.2	10.0	14.2	80	68
2019	22 － 24 － 38 － 444 / 528	4.2	8.7	15.9	47	53
2020	1 － 3 － 6 － 51 / 61	1.6	6.6	16.4	3	69

回りゆえに立ち回りひとつでどうにでもなる中山では頼りになるジョッキーです。海外ＧⅠでも2勝を挙げる活躍を見せるウインブライトも中山巧者として知られますが、それは主戦が松岡騎手ということもあるでしょう。

▼２０１７年以降・松岡騎手の競馬場別成績

東京　23－38－32－５８９
勝率３・４％　複勝率13・６％
単勝回収率53％　複勝回収率 60％
中山　40－35－54－５４６
勝率 ５・９％　複勝率19・１％
単勝回収率77％　複勝回収率79％

ご覧の通りすべての指標において中山の方が成績が良く、逆に東京だと人気馬でもかなり怪しい。２０１７年以降東京コースで1番人気に支持されたことは14回ありますが、2着が5回あるものの未勝利、中山だと20回1番人気馬に騎乗し8勝と、顕著な差が出ています。この違いを理解するだけでかなり買いと危険のポイントが見えてきます。

また、調教から馬を作っていくタイプでもあります。ウインブライトの他、リーゼントロックとのコンビでもたびたび穴をあけていますし、ウイングレイテスト、ウインイクシードなど、ウインホースレーシングとのコンビは今やすっかりおなじみに。

競馬ではしばしば「馬乗りの技術と競馬で穴をあける技術は別物」と言われますが、恐らく松岡騎手は後者のタイプ。決して馬乗りが下手とは言えませんが、もともと競馬とは無縁の家系で育ち、野球が上手く運動神経も良い松岡騎手は競技としての競馬をよく理解し、その客観性や分析力が穴に繋がっている印象です。

昨今の状況を見る限り、松岡騎手が再び年間１００勝クラスの目立つ活躍をする可能性は低いように思います。当時とは周囲の状況も変わり、また外国人騎手の参戦などもあり再び上昇していく隙間がない。それでもウインブライトとのコンビで見せるような大舞台での目立つ活躍がまだまだありそうな気がします。どちらかといえば若き職人のようなイメージが強く、後輩からの人望も厚い。馬券的にも継続騎乗で馬のことを理解できているかどうかがポイントになります。

控えて外のスタイルが確立

勝浦正樹

現状

19年は苦悩の一年に

勝浦騎手にとって2019年は苦悩の日々だったかもしれません。2018年、ニシノデイジーとのコンビで重賞連勝、2019年のクラシックでもコンビで挑むことになりました。しかし、弥生賞からセントライト記念まで4連敗、馬券に絡むことすらできず、とうとう菊花賞ではルメール騎手へ乗り替わりに。セントライト記念の騎乗ぶりは各方面で非難を浴びる結果となりました。もっとも、筆者の見解ではセントライト記念は良くも悪くも勝浦騎手らしさが出た騎乗だったように思います。そのらしさとは、〝消極的〟〝外を回す〟というもの。2歳時の東スポ杯ではインを突いて世界の名だたる名手たちを下したのですが、あれは人気薄だからこそできる芸当。基本的には控えて外を回すことが多いジョッキーです。

取扱説明書

1 「消極的」「外を回す」がデフォルト。馬場や展開に左右される

2 人気馬より穴馬を、内枠よりは外枠で買いたい

特徴

消極的 外を回す

クラシック路線で派手にやらかしてしまったこともあり、〝勝浦株〟はストップ安状態。データを見ても人気馬の脚を余して飛ばすことが多く、2019年は1〜2番人気に28回騎乗し（4−4−4−16）と勝率14・3％、単勝回収率41％は寂しい限り。基本的に人気では信頼できるジョッキーではありません。

では、勝浦騎手は買えない騎手なのでしょうか？ そ

	着度数	勝率	連対率	複勝率	単回値	複回値
2018	27 − 39 − 42 − 446 / 554	4.9	11.9	19.5	84	96
2019	16 − 26 − 25 − 326 / 393	4.1	10.7	17.0	83	95
2020	4 − 5 − 7 − 59 / 75	5.3	12.0	21.3	95	112

れは違います。むしろ目立つクラシック路線でヘタを打った結果、信頼できない騎手と認知されストップ安状態になった。結果として、「以前よりもさらに人気にならなくなり」→「馬券的には美味しい状況が生まれている」といえます。まさに、「騎手は上手い下手だけで考えると目が曇る」典型ですね。

2020年は2開催終了時点で複勝回収率は100%を超えており、ベタ買いでも儲かる数値。印象的な穴も多く出しています。その中でもドゥオーモでの活躍は勝浦騎手らしさが満載でした。同馬との初コンビは2020年の小倉開催。ここで7枠13番という外枠からいつも通り控える手に出ると、直線は鋭く伸びて13番人気の低評価に反発する3着。さらに次走は11番枠からやはり控えて外を回す形で差し切り勝ち。このときが7番人気。すると今度は連闘で重賞・小倉大賞典に出走します。ここでもやはり格上挑戦が嫌われたためか10番人気と低評価でしたが、12番枠から同じように控えて外を回す作戦で外から伸びて2着に突っ込み、3戦連続で穴をあけたのです。

2020年の冬の小倉開催は通常とは異なる12日間のロングランとなったこと、さらに開幕週の初日に雨が降ったことで例年以上に荒れていました。結果として2週目の段階で既に外有利の状況が発生し、勝浦騎手のスタイル「消極的かつ外を回す」がハマりやすかったのです。2020年の小倉芝に限れば単複の回収率はともに160%超。小倉大賞典直前のあざみ賞でも14番枠から14番人気ニシノストームで勝利し大穴を出していました。ニシノデイジーとのコンビでの騎乗ぶりは確かに印象は悪かったかもしれませんが、一連の騎乗に腹を立てているようでは、冷静に買いどころを見いだすことができなくなってしまいます。改めて巧拙ではなく、騎手のスタイルを知っておくことの重要性を感じさせられました。

もうキャリアの長いベテラン騎手ですから、今後もそのスタイルに変化があるとは思えません。2017年以降で見ても芝の1～2枠より8枠の方がすべての数値で上回っているくらいですから、潜在的なスピードのある馬でない限り基本は控えて外を回すものと考えて買うべき騎手です。当然、人気よりは穴のときが狙いです。それと、昔からピンポイントで中山芝1200mは上手なので、そこを覚えておけば手の内に入れたも同然でしょう。

愛すべき千直マイスター

西田雄一郎

現状　相変わらず直線巧者ぶりを発揮

本書では大きな扱いをする騎手、そして中扱いの騎手、さらには小扱いの騎手という主に3パターンがあるのですが、基本的にはリーディング上位の騎手や、トピックのある騎手、覚えておくべき騎手を大扱いで厳選しています。そう考えると、なぜ西田雄一郎騎手が大扱いなのか？と思われるかもしれません。２０１９年は9勝、２０１７年以降の3年余りでもわずか20勝という、どちらかといえば零細ジョッキーです。勝浦騎手がどれだけ叩かれようとも同期間で78勝していますから、それと比べると西田騎手の目立たなさがわかります。ですが、西田騎手は勝ってこそいないものの〝一芸〟がある。その一芸こそが

取扱説明書

1. 直線競馬特化型。内枠でも目を瞑って押さえたい
2. 直線競馬以外では基本的に軽視してよい

今は広く知られる通り「直線競馬職人」ということです。

特徴　直線競馬職人

西田騎手の直線競馬での職人ぶりは単純な勝ち星でもわかります。２０１７年以降芝では11勝を挙げていますが、そのうち7勝が直線競馬。直線競馬は基本的に新潟開催がある日の、それも1日に1レースしかありませんから、そう考えると相当な偏重ぶりです。内田騎手に大型馬の依頼が殺到するように、〝西田といえば直線〟はもはや関係者にも知れ渡っているわけです。そして、西田騎手はそれを裏切らない騎乗を見せている。ファンも理解して西田騎手の直線は買うわけですが、それでもな

	着度数	勝率	連対率	複勝率	単回値	複回値
2018	3 － 6 － 13 － 278 / 300	1.0	3.0	7.3	14	56
2019	9 － 4 － 11 － 195 / 219	4.1	5.9	11.0	99	87
2020	0 － 0 － 0 － 38 / 38	0.0	0.0	0.0	0	0

お妙味があります。以下は２０１９年の直線競馬の成績。

3－0－5－14　勝率13・6%　連対率13・6%　複勝率36・4%　単勝回収率96%　複勝回収率１５２%

その中身を見ても巧者ぶりがよくわかります。直線競馬といえば外ラチ沿いを走れる外枠が断然有利なのですが、西田騎手は徹底的にそこを突いてくる。例えばハワーマハルで挑んだ２０１９年8月の未勝利戦は良い例です。このとき同馬は3番枠という不利な内枠でした。ところがゲートで出遅れると西田騎手は迷わず外へ寄せて行きます。そしてレースも半ば、５００ｍを過ぎた頃には気づけば大外のラチ沿いを走っていたのです。結果は単勝10番人気で3着。もはやこれは西田騎手の腕、判断で持ってきた3着でした。２０１８年の飛竜特別のマッタナシ、２０１９年はやぶさ賞のファストアズエバーなども、やはり外ラチへの意識があったからこそ穴をあけたレースでした。

では、西田騎手が上手いのかというと、正直直線以外ではまったくと言って良いほどアテになりません。２０１７年以降で見ても非直線競馬の芝で1～5番人気の支持を集めたケースは20回ありましたが未勝利。かつては逃げジョッキーという印象もありましたが、直線以外のコーナー競馬で来るパターンでも逃げは多くなく、道中でバタバタして馬の脚が溜まらないケースも見受けられます。もはや騎手も完全に直線仕様になっているものと思われます。

1年のうちそこまで開催が多いわけでもない新潟競馬の、それも1日1レースしかない直線競馬のスペシャリストという時点で相当ニッチを攻めている騎手ですが、逆に言えば同じ土俵で戦えなくなったときに何をすべきか、騎手ということに限らず、生存戦略を教えてくれている気がします。これは我々ファンの側への示唆ともいえます。時間がなくてレースを観られない、そういうときは特定条件だけ見る、特定騎手だけ見るといったアプローチでも何ら問題ないわけです。「直線で西田を買え」なんて、もはやちょっと競馬をかじったファンなら誰でも知っていると思われがちですが、それでもなお儲かるのだから何ら問題ない。今後も直線で買い、その他の人気馬は疑うというスタンスで良いお付き合いができるはずです。

戦術は大外ぶん回し一択！

鮫島良太

取扱説明書

1 「外を回しての差し」がほとんど。あとはハマるかどうか

2 芝では好走率、回収率とも奮わず、人気馬でも不振

現状 人気馬での凡走が目立つ

鮫島克駿騎手の兄でもある鮫島良太騎手。目立つ活躍をしていない同騎手をなぜここで取り上げたのかというと、正直申し上げづらいのですが、ひと言でいえば超ワンパターンだからです。通常はとても買える騎手ではない。忖度なしと銘打っている以上、やはりわかっていることは言わなくてはならないですね。序章で触れた、「×××騎手リスト」の常連こそが、この鮫島良太騎手です。騎手の上手い下手というのはもちろん内を突くか外を回すかという見た目的なこともあるのですが、何より決定的な違いは「馬が走りやすいかどうか」です。その点この騎手が乗る馬はとにかく走りがスムーズさを欠き、とりわけ芝ではまったくと言っていいほど馬が走らなくなります。２０１７年以降、芝で２７７戦2勝、単勝回収率12％、複勝回収率35％はいくらなんでも酷すぎる。3番人気以内の馬にも11回騎乗し（0－1－1－11）という散々な成績です。

特徴 ダートの外枠 芝は軽視

もっとも、だからといって悲観することはない。馬券的には利用価値大です。まず、芝ダート問わず基本的には外を回すので、内枠よりも外枠の成績が断然良く、ダートでの好走も多くが外を回して差して来る、というワ

	着度数	勝率	連対率	複勝率	単回値	複回値
2018	8－9－12－243／272	2.9	6.3	10.7	41	80
2019	10－11－6－184／211	4.7	10.0	12.8	40	66
2020	1－2－1－35／39	2.6	7.7	10.3	56	65

ンパターンです。ダートでもめったに逃げることはなく、過半数が差し追い込みを選択、２０１９年以降のダート10勝のうち7勝が6～8枠、それ以外でも内枠から外に出すパターンが多く見られます。したがって、狙いどころはとにかくダートの前崩れ待ちの差し馬。ダートで勝つ場合はヒモにも外枠や差し馬を連れて来るケースが多く、アハルテケSで13番人気3着に突っ込んだノーブルサターンの騎乗ぶりはらしさ全開。直線入り口では内も選択できたものの半ば強引に外へ持ち出して差してきました。このときは最内枠の1番人気ゴライアスが4着に敗れる差し決着で3連複59万、3連単250万の大波乱。

どんなレースをするか…というよりは、どんなレースをするかは決まっている（外を回して差す）から、あとはレース自体が自分に向くかどうか、というジャイアニズム満載の騎乗です。馬券を買う側からすれば読みやすくありがたい存在かもしれません。芝よりダートの方が成績が良い理由の一つも、ダートの場合は砂を被らないという外に出すメリットも大きいためでしょう。

時折外に出せず馬群を割るケースや、あるいは先行して押し切る勝利もあります。２０１９年でいえば大和Sのヤマニンアンプリメ、あとはキメラヴェリテとテイエムサウスダンの未勝利戦…ここで、勘の良い方はお気づきでしょうか？　これらの馬は皆、後に重賞（交流重賞を含む）を別の騎手で勝っています。つまり、普段と異なる競馬でも勝てるのは馬が強い証拠です。また、別の騎手に乗り替わった馬が来るパターンも多いので覚えておいて損はないでしょう。とにかくパターンは決まっているので、どこかでハマれば昨年のアハルテケSのような大万馬券をもたらしてくれる可能性のある騎手です。

相当癖の強い騎手ですが、今後も恐らく極端な変化はない。捉え方によっては付き合いやすい騎手ということで本欄で取り上げてみました。腕が立つトップジョッキーを買うのも良いですが、鮫島良騎手のようにかなり個性の強い騎手をどれだけ把握して手の内に入れられるか、騎手を知ることで馬券を当てるには、そのストックを増やしていくことも大事だと思います。

黛 弘人

好走例は平場の差しがほとんど

取扱説明書

1 消極的なレースぶりで、「競らず」、「控える」ことが多い

2 馬券絡みは平場で展開嵌り中心。人気馬でも過信禁物

現状 積極性を欠くレースが多い

黛騎手にはかつて失望したことがあります。２０１５年の桜花賞、コンビを組んでいたのは初重賞制覇をもたらしたノットフォーマルでした。このコンビでフェアリーSを逃げ切り勝ち、それでも人気するような立場でもなかったため、引き続き積極策でどこまで活路を見いだせるかという存在でした。

しかし、続くフラワーCでは出負け気味で行く気を見せずアルビアーノに逃げ切り勝ちを許し自身は12着。続く参戦となった桜花賞では16番人気と全くノーマークでした。ノーマークの立場で、まして逃げ切って重賞を勝っている馬です。他に確たる逃げ馬もいなかったため、とりあえずダメもとでもココは逃げてくれる…そう思って観ていました。ところがスタートから少し行く気を見せたのですが、外からレッツゴードンキがハナを主張するとアッサリ引いてしまいます。結果、１０００ｍ通過が62秒5という超スローとなり、レッツゴードンキはまんまと逃げ切り勝ち。

ノットフォーマルは字面だけ見れば16番人気5着と大健闘、もしハナを主張していればもっと負けていた可能性もあります。それでもめったにないＧＩの舞台でリスクを背負って勝負に行くことができない気持ちの弱さがどうしても気になったのです。

	着度数	勝率	連対率	複勝率	単回値	複回値
2018	12 − 22 − 16 − 329 / 379	3.2	9.0	13.2	42	66
2019	8 − 19 − 14 − 282 / 323	2.5	8.4	12.7	36	48
2020	2 − 2 − 0 − 61 / 65	3.1	6.2	6.2	40	22

特徴

消極的

人気馬飛ばし

長々と過去の話をなぜしたかというと、だいたい騎乗のイメージも上記の通りだからです。基本的に競り合いを好まない、中途半端に溜める…こういったパターンが多々見られます。

サクラルーフェンという現2勝クラスの馬がいます。主戦は石橋騎手で、初勝利は4角先頭で押し切り勝ち、以後も逃げる競馬を繰り返していましたが、10月20日の1勝クラスは石橋騎手が菊花賞騎乗のために黛騎手に手が回ってきました。相手にも恵まれた一戦でしたが、スタートでボコッと出て、その後は出して行かず2番手で内をチラチラ見ながらハナを譲ります。さらに2番手を悠々とスローで追走すると今度は新人の斎藤新騎手にマクりを打たれ、慌てたように右ムチを連打、何ともチグハグな騎乗で直線はあっさり突き放されて2着に敗れます。結果だけ見れば2番人気2着は及第点かもしれませんが、中身はお粗末のひとこと。次走石橋騎手に手綱が戻り、楽々と4馬身差で逃げ切ったことでも、明らかにミス騎乗でした。

ベルキューズという馬でも毎度出遅れ気味で積極策を打たず、中途半端な競馬を繰り返し結局未勝利のまま乗り替わり、川田騎手で今度はスムーズに先行して勝ち上がると、その後はポンポンと勝ち上がり既に3勝を挙げオープンが見えてきています。あのまま黛騎手が騎乗していたら未勝利を脱出できただろうか…そう考えると騎手の重要性がわかります。サンアップルトンもデビューから6戦騎乗し1勝、その後柴田善騎手に乗り替わり連勝、本稿締め切り間際にも勝利し、あっという間にオープン入りを果たしています。こんなシーンが割と多く、2019年以降1〜3番人気に32回騎乗し2勝のみと信頼できない現状です。

とはいえ数乗っていればたまには穴をあけることもあります。ただしそのパターンも位置を下げて末脚がハマるかどうかというのが大半で、平場での差しがほとんど。積極策に転じて粘り込む…というようなチャレンジはまずありません。人気馬を疑う場合はありがたいですが、信頼して買ってはいけない、というのが基本的な付き合い方になります。

平成ラストに現れた神騎乗男
D・レーン

取扱説明書

1 とにかく追える、スタミナのある馬、ズブい馬なら"神"

2 ディープ、ロードカナロア産駒のようなスピード馬は危険

現状
神騎乗連発もコロナの影

２０１９年の春、まさに平成の終わりに彗星のごとく登場したのがオーストラリアのダミアン・レーン騎手。ちょうど改元に伴う10連休に沸き立つ最中にデビューすると、騎乗2日目に初勝利を含む4勝の大活躍。翌日には7番人気のメールドグラースで挑んだ新潟大賞典で重賞初制覇、2週間後にはノームコアとのコンビでヴィクトリアマイルを制し、麻雀でいえばリーチ一発ツモといったところ。さらにリスグラシューとタッグを組んだ宝塚記念も制覇。特例で参戦した昨年末の有馬記念では、断然人気のアーモンドアイを破り、衝撃の5馬身差の圧勝劇でデビュー年の幕を閉じました。ただ、好事魔多し。新型コロナウイルスの影響で２０２０年春の来日は相当厳しい情勢になっています。

特徴
中長距離◎ スピードタイプ△
人気馬で勝ち切る

昨年は結局１２５回の騎乗で38勝、勝率は30％超という大活躍を見せました。とにかく驚異的な勝負強さで、1～2番人気で28勝に対して2着は4回と、恐るべき勝ち切り率を誇ります。リスグラシューやメールドグラースなど、中長距離での強さも際立ってました。もっとも、ノーザンFの全面的バックアップを受けていたこともあり騎乗馬の大半が人気馬。上手いのは広く知れ渡ってい

	着度数	勝率	連対率	複勝率	単回値	複回値
2018	- - - - - - - - / -	-	-	-	-	-
2019	38 − 11 − 18 − 58 / 125	30.4	39.2	53.6	130	101
2020	0 − 0 − 0 − 0 / 0	-	-	-	-	-

ますから、馬券的なことを考えればむしろ怪しい馬を探す方が良いかもしれない。

そこで改めて重賞の種牡馬別成績を見て行くと、少し弱点も見えてきます。

・メールドグラース(ルーラーシップ産駒)
・リスグラシュー(ハーツクライ産駒)
・タワーオブロンドン(レイヴンズパス産駒)
・ノームコア(ハービンジャー産駒)
・ルックトゥワイス(ステイゴールド産駒)

以上の5頭の馬で合計7勝を挙げました。勘の良い方はお気づきでしょう。ノーザンFといえば本来多くいるはずの、ディープインパクト産駒とロードカナロア産駒がいないのです。ちなみに両産駒での重賞成績はというと(0−0−0−5)でした。サートゥルナーリア(ロードカナロア産駒)で人気を裏切った日本ダービー他、コントラチェック(ディープ産駒)や、ステルヴィオ(ロードカナロア産駒)などでは結果を出せませんでした。

端的にいえば、スタミナ系の馬にはフィットするけれど、ディープ産駒やロードカナロア産駒などスピードと切れ味が優れた馬にはあまりフィットしないということ。暮れの香港マイルにはインディチャンプで挑みましたが、インディチャンプはステイゴールド産駒ながらキレキレのマイラーですから、明らかに合わなかったといえるでしょう。

次の来日がいつかはわからない現状ですが、その際にはさらに良い馬が集まり人気が過熱というシナリオは目に見えています。そして恐らく大半の馬はキッチリ持ってきてくれると思うのですが、前述した通りスピードが勝ったタイプや、とにかく溜めて切れ味を生かしたいタイプは合わないということを覚えておくだけでも、馬券的には良い付き合いができるはずです。レーン騎手が断然人気で飛んだ場合、昨年の日本ダービーのように配当は一気に跳ね上がるわけです。今の競馬は騎手の名前が横文字というだけで、特にビッグレースでは売れるし、実際それ以上に持って来ることも多いのですが、だからこそ弱点を知っておくことが重要になります。名手と言えど万能ではなく、馬がそうであるように、騎手にも適性があるということです。

第2章
脇を固める40人の取扱説明書

	着度数	勝率	連対率	複勝率	単回値	複回値
2018	75 − 73 − 78 − 645 / 871	8.6	17.0	25.9	86	83
2019	51 − 56 − 83 − 595 / 785	6.5	13.6	24.2	54	72
2020	9 − 6 − 9 − 90 / 114	7.9	13.2	21.1	64	53

大野拓弥

現状　関東の実力者として定着

かつてはどちらかといえば関東の地味な穴ジョッキーというイメージでしたが、近年は毎年50勝以上、2019年もアナザートゥルースでアンタレスSを勝利するなど安定した活躍を見せています。これまでのGIは2勝。スノードラゴンでの高松宮記念と、サウンドトゥルーでのチャンピオンズカップ。いずれも追い込みで、重賞9勝のうち7勝までが上がり最速をマークしての勝利でした。

特徴　折り合い重視　内枠＜外枠

大野騎手をイメージする場合だいたい過去の重賞のイメージ通り、積極策を打つタイプではなく、控えて末脚を生かすスタイルが持ち味です。馬を強引に動かして追ってくるというよりは、上手くなだめて気分良く走らせる〝馬優先主義の差し追い込み〟が武器。マイル実績はほとんどなかったダノンフェイスで追い込んで15番人気3着と穴をあけた武蔵野Sでの騎乗は大野騎手の真骨頂。カラクレナイとのコンビでもテン乗りでバーデンバーデンCを制するとその後も穴を複数回あけており、相性の良さが目立ちました。もっとも、勝ち切れない面があり人気馬での取りこぼしはやや多め。どちらかといえば穴馬での差し追い込みで頼りになるジョッキーです。

カラクレナイでバーデンバーデンCを制した週の福島芝1200mでは他のレースでも大暴れ、土日で4レース騎乗し以下の通り全馬で馬券圏内の活躍を見せました。

▼レストンベ　6番人気1着
▼チンクエテッレ　6番人気3着
▼マカリカ　7番人気3着
▼カラクレナイ　5番人気1着

控えて外を回すスタイルが福島3週目の荒れ馬場でハマった結果でした。決め打ち系なので、外が伸びる馬場が狙い、芝は内枠より外枠向きです。

	着度数	勝率	連対率	複勝率	単回値	複回値
2018	- - - - - - - - / -	-	-	-	-	-
2019	42 − 44 − 38 − 448 / 572	7.3	15.0	21.7	53	64
2020	7 − 7 − 10 − 103 / 127	5.5	11.0	18.9	37	71

斎藤新

現状　馬券的な妙味はイマイチ

2019年にデビューし、いきなり開幕週の日曜日に7番人気のアルファライズで勝利。ルーキーといえば減量を生かしての逃げ切りが多く見られますが、このレースでは差して勝利。さらにオーケストラでもう1勝を積み重ね、〝乗れるルーキー〟として注目を集めました。個人的に印象深いのはデビュー2週目のトウカイオラージュ。このオルフェーヴル産駒をどう扱うのかと馬券を買っていたこともあり注目していましたが、控えて脚を溜めると直線は馬群を捌いて測ったように差し切り勝ち。ルーキーらしからぬ手綱捌きを見せてくれました。もっとも、デビューが派手過ぎたのかその後は人気がやや先行気味で妙味はイマイチ。それでも、1年目から42勝は立派な数字で、今後経験を積んで行けばさらなる飛躍が可能でしょう。

特徴　中長距離◎　リズム重視

若手の減量騎手らしく逃げる競馬での活躍も目立つ斎藤騎手ですが、レースぶりを見ているとむしろ馬の脚を溜めるのが上手い。そのためか中長距離でも結果を出しており、2400m（1−2−2−2）、2600m（1−4−0−8）と好成績なのは偶然ではないでしょう。リズムを重視するのでスピードのある馬をなだめる技術が高く、その真骨頂を見せたのがイエローマリンバで穴をあけた北九州短距離Sではないでしょうか。久々で13番人気と評価を落とした同馬ですがもともとスピードはある馬。外枠からスタートすると2番手の外で上手くなだめ、直線も馬場の良いところを走らせ3着に粘らせました。

折り合いが難しいタイプが合っており、前述のトウカイオラージュなどオルフェーヴル産駒では5勝の活躍、同じく折り合い難の馬が多いエイシンフラッシュ産駒ではアルファライズやフィルストバーンなどで2勝ずつを挙げるなど活躍が目立っています。まだ2年目ですが、差すスタイルにさらに磨きがかかれば、活躍の場は広がって行きそうです。

津村明秀

	着度数	勝率	連対率	複勝率	単回値	複回値
2018	52 − 62 − 67 − 523 / 704	7.4	16.2	25.7	63	93
2019	39 − 60 − 46 − 489 / 634	6.2	15.6	22.9	76	72
2020	8 − 11 − 8 − 86 / 113	7.1	16.8	23.9	95	64

現状　GⅠ戦線で活躍して沸かせる

２０１９年はカレンブーケドールとのコンビでターフを沸かせました。スイートピーSで初コンビを組むと見事勝利してオークスの権利をゲットし、続くオークスでは12番人気の低評価を覆しあわやの2着。秋のGⅠ戦線でも秋華賞、ジャパンカップでそれぞれ2着に入るなど堅実な走りを見せています。玄人の競馬ファンの中には津村騎手を絶賛する人も多い印象で、いわゆる〝通ウケ〟するタイプのジョッキーかもしれません。

ただ、個人的には少し苦手です。というのも普通に上手いと思うのですが特徴が少ない。ミスはない分、印象に残るような強烈なファインプレーの印象もなく、GⅠ未勝利というのもそこら辺に理由があるかもしれません。ちなみに今年デビューの原騎手が目標とする騎手として挙げたのが、津村騎手。なんとも渋い選択が、一部のファンを歓喜させました。

特徴　積極的

スタイルは基本的には積極的。アエロリットとのコンビでは毎日王冠でキッチリ2着確保、引退レースの有馬記念では大逃げを打ってレースを盛り上げました。カレンブーケドールで崩れず走れているのも下手に溜めず、持久力を生かすスタイルに徹しているからでしょう。逃げてほしい馬で引っ張るようなことはしないので、そういう意味ではキッチリ乗ってくれます。思い切りの良さもあり、ステイヤーズSでは後方で折り合いに苦労していたエイシンクリックを、正面スタンドで一気に行かせ、結果的にはこの判断が功を奏し11番人気3着と低評価を覆しました。

またアンノートルとのコンビでは連勝を決めるなどビッグレッドやマイネルの馬とは比較的相性が良い。これもキレない馬たちの短所を積極策によって上手くカバーしている印象です。丹内騎手や柴田大知騎手を乗せるくらいなら、津村騎手に乗せた方が良いと思うのですが…。

	着度数	勝率	連対率	複勝率	単回値	複回値
2018	37 − 44 − 37 − 577 / 695	5.3	11.7	17.0	53	66
2019	39 − 35 − 39 − 531 / 644	6.1	11.5	17.5	71	61
2020	4 − 7 − 8 − 87 / 106	3.8	10.4	17.9	291	115

武藤雅

現状

重賞でも穴を連発

２０１９年はラインカリーナで関東オークスを制覇、ＪＲＡでも勝利こそないもののジョディーでの２度の３着など重賞３着が４回。いずれも人気薄での好走で、穴男としての存在感を示す濃い一年となりました。父が調教師という立場もありバックアップも十分に受けており、２０１８年までは３勝だった父の管理馬で、２０１９年は６勝と活躍、全日本２歳優駿２着のアイオライトや前述のラインカリーナなど、大きな舞台での活躍も目立ちました。

特徴

芝へダート

中山ダ1200m特注

武藤騎手を見ていて感じるのは、若手騎手らしく最後まであきらめない姿勢です。とにかく一生懸命乗ってくれるので、買う側としては仮に負けても納得できる。地味なところでは11番人気のシンティラで３着に突っ込んできた19年4月の未勝利戦が印象的です。直線では前に壁ができ、手応えも微妙な中でグイグイ追い続けていたら最後にようやく伸びて来て３着。その後の戦績を見ても武藤騎手が馬の力を極限まで出し切った騎乗に見えました。

その諦めない姿勢は特に追い比べになるダートで生きるのか、全体にダート戦の成績が良く２０１９年以降の43勝のうち32勝がダートでのもの。特に中山ダート１２００ｍは得意で、デビュー以来一貫して相性が良く、全１０９勝のうち19勝を挙げるドル箱コースになっています。２０２０年も年明け早々に最低人気のラインギャラントで勝利を挙げて穴党を歓喜させましたが、やはり舞台は中山ダート１２００ｍでした。なお、武藤騎手自身が得意な自覚があるようです。

余談ですが、好きなのは新潟競馬場とのことです。もっとも、コチラは今のところ成績には反映されてはいません。

	着度数	勝率	連対率	複勝率	単回値	複回値
2018	－－－－－－－/－	－	－	－	－	－
2019	37－27－38－418/520	7.1	12.3	19.6	78	84
2020	7－10－5－75/97	7.2	17.5	22.7	47	70

岩田望来

現状 徐々に真価を発揮

父はあの岩田康誠騎手という良血ジョッキー、注目される中でデビューしたのが岩田望来騎手ですが、当初は空回り傾向でした。藤原英厩舎所属で乗り馬の質は良かったのですが、ルプレジールやカーサデルシエロなどで人気を裏切るケースも目立ち、やはり少し時間がかかるか…と思わせる騎乗ぶりでした。しかし徐々に本領発揮、7月までは1番人気馬で（4－2－3－10）とイマイチでしたが、8月以降は（13－7－3－20）と安定感を増しており、少しずつ素質の片鱗を見せ始めています。

特徴 中央＜ローカル

印象深いのはジャパンカップDAYのウェルカムS。世界の名手が集う中でヴァンドギャルドに騎乗すると堂々の差し切り勝ち。人気馬での勝利とはいえ、追っての姿勢などはどことなく父譲りで、GI当日の東京競馬場での活躍は大きなアピールになったはずです。もっとも、中央場所での人気馬の信頼はイマイチ、現状はローカルの方が信頼度は高く、中央場所で買うなら穴が正解。特に京都芝1200mではたびたび好騎乗を見せており、メジェールスーやムスコローソでは絶妙なコース取りで勝利、14番人気のイオラニで挑んだ山城Sでは、ゲートで出遅れると後方待機からマクリ気味に進出、直線では父譲りのバキューンという末脚で2着に突っ込み大穴をあけました。

また父譲りのレースぶりという意味で印象深いのは北摂特別。12番人気のメープルに騎乗すると11番枠からスッと内に促し、コーナーでは最内を立ち回るロスのない競馬。直線は馬群を割って伸び、最後は差されたものの3着に残しました。英才教育の賜物なのかはわかりませんが、デビュー当初から大きく成長を遂げている印象です。

さらに本稿締め切り直前の中京では、開幕週に7勝の大暴れ、開催リーディングへとひた走っています。2年目の飛躍がいよいよ現実的なものとなってきました。

	着度数	勝率	連対率	複勝率	単回値	複回値
2018	-－-－-－-／-	-	-	-	-	-
2019	31－37－32－438／538	5.8	12.6	18.6	72	79
2020	1－0－3－26／30	3.3	3.3	13.3	27	48

2019年
全国リーディング
34位

菅原明良

現状　積極策で頭角を現わす

同期の岩田ジュニアと比べるとやや地味ながらも、同様にメキメキ腕を上げているのが菅原明良騎手です。中山競馬場の目の前で生まれ育ったという菅原明騎手ですが、デビュー当初は目立つ存在ではなかった。ただ、それは乗り馬の質もあったでしょうか。徐々に慣れて来たのか、6月までは5勝、7月以降から年末までに26勝と一気に飛躍しました。特に印象深いのはショウナンマリオとのコンビでしょうか。乗り替わり2戦目でキッチリ勝ち上がると、昇級で挑んだカトレア賞では道中不良馬場で馬群にもまれながらも、直線は外に出して力強い伸びで10番人気を覆す2着。特別レースで初めて馬券に絡みました。徐々にではありますが、穴ジョッキーとして頭角を現しつつあります。

特徴　積極的　乗り替わり◎

前述通り、現状は平場での活躍が中心。とにかく積極策が武器で、減量の特典を生かす若手らしい騎乗と言えます。乗り替わり&逃げでの一発は得意パターンで、ドリームジャンボやレノカズマなどで穴をあけています。またマイネルワルツでは柴田大騎手や丹内騎手が控える競馬を模索する中、逃げの手に出て活路を見いだし連勝するなどアピールに成功しています。とにかく行けそうな馬では行き切る思い切りの良さがあるので、減量が生きる短距離で、展開や馬場が向きそうならば怖いジョッキーです。

２０２０年は早々に落馬で戦線離脱を余儀なくされていますが、まだまだ知名度は高くないので、今後も穴での活躍に期待できそうです。当面は狙うなら積極的な競馬が生きる条件&馬ということになります。

	着度数	勝率	連対率	複勝率	単回値	複回値
2018	27－30－31－387／475	5.7	12.0	18.5	95	87
2019	30－24－27－386／467	6.4	11.6	17.3	90	79
2020	10－6－7－65／88	11.4	18.2	26.1	65	150

菱田裕二

現状　一時の勢いは影を潜め…

菱田騎手といえばかつては関西のホープ、あの安藤勝己騎手にも注目の若手として取り上げられるほど評価の高い騎手でした。松田博厩舎の素質馬に騎乗することも多く、ラストインパクトやタガノグランパとのコンビではＧⅠ戦線を沸かせました。そう考えると現状はスッカリ影が薄くなってしまった印象。ダイアナヘイローでの重賞制覇などはあったものの、ここ数年は30勝前後をさまよっており、飛躍を期待された若手が、そこそこの中堅に落ち着いてしまうのでしょうか…。

特徴　人気馬◎　ローカル向き

もっとも、馬券を買う側からすると「存在感が希薄」→「穴で狙えるかも」という発想を持ちたいところ。もともと腕は評価されていただけあって、むしろ妙味が増している印象です。それは数字を見ても明らかで、まず人気馬での安定感が抜群。２０１９年以降1番人気で（9－2－2－2）とほぼ崩れておらず、「菱田の人気は黙って軸」という格言を作っても良いくらいです。レースぶりを見ていても焦りが感じられず、合馬特別で騎乗したランドルーラーでは出遅れて後方からの競馬になりながらもじっくり脚を溜め直線は大外へ。当日の馬場状態からしてこの判断は正解で、最後は豪快に伸びて差し切り。ダディーズストリップも簡単な馬ではありませんが、仕掛けどころが安定しています。実際、同馬の2勝・2着2回はすべて菱田騎手騎乗時です。また個人的に印象深いのは２０１９年の函館記念。ドレッドノータスに騎乗して結果は4着でしたが、道中の位置取り、コース取りともに何の文句もないもので、本命にしていた立場としても納得できるものでした。

こうして書いているとなぜ近年低迷しているのかわからないですが、馬券的には今が買い時で、今後再浮上があるはずです。剛腕というよりは考えて乗るタイプで、馬場も読めるので、馬場が荒れやすいローカルや道悪でも注目です。

古川吉洋

2019年
全国リーディング
37位

	着度数	勝率	連対率	複勝率	単回値	複回値
2018	30 － 32 － 23 － 417 / 502	6.0	12.4	16.9	76	56
2019	29 － 32 － 24 － 381 / 466	6.2	13.1	18.2	59	68
2020	5 － 11 － 6 － 75 / 97	5.2	16.5	22.7	72	75

現状　ベテランとして渋い活躍

デビュー2年目、アインブライドでのあっと驚くGⅠ制覇ももう前世紀の遠い記憶となりましたが、近年もベテラン騎手として渋い活躍を見せています。直近3年は36→30→29勝。一時期は年間ひとケタ勝利が続いた時期もありましたが、近年は毎年重賞も勝っておりプチ復活を遂げた一人といって良いでしょう。その歩んできた道のり同様に職人気質で、圧倒的に継続騎乗に強いのが特徴。内枠に強く馬群を捌けるので、サプライズ的な激走を見せるというよりは、キッチリ馬の力を出し切るというイメージです。

特徴　人気馬◎　地味な馬で穴

古川騎手を語る上でまず外せないのは人気馬での安定感。もともと人気になるタイプではないという恩恵はありますが、1番人気馬では毎年7割近く馬券に絡んでおり、強い馬の力はそれなりに出してくれる。テイエムジンソクでもGⅠになると中途半端な競馬が目立ちましたが、トライアルまでは割とソツなく乗りこなしていたあのイメージのままです。また継続騎乗に強いジョッキーらしく、同じ馬で何度も穴をあけるのも特徴。これはそもそも古川騎手が騎乗する馬のプロフィールが全体に地味なケースが多いのも一因です。

例えば、古川騎手らしい穴馬といえばサトノフェイバーが挙げられます。きさらぎ賞を勝利、キャピタルSでも12番人気で3着するなど活躍していますが、サトノの馬といえば近年は人気先行型ばかり。その中でゼンノロブロイ産駒&南井厩舎というこの馬に騎乗して持ってくるあたりが穴ジョッキーたる所以です。エスポワールシチー産駒のメモリーコウで見せるような先行&イン突きも得意で、２０１９年唯一の重賞制覇となったライトオンキューでもやはり馬群を割って伸びてきました。人気馬で信頼、地味な馬で何度も穴をあける、この2つを押さえておきましょう。

	着度数	勝率	連対率	複勝率	単回値	複回値
2018	12 − 22 − 31 − 530 / 595	2.0	5.7	10.9	75	55
2019	27 − 46 − 49 − 534 / 656	4.1	11.1	18.6	48	66
2020	5 − 6 − 12 − 112 / 135	3.7	8.1	17.0	11	68

丹内祐次

現状 マイネル軍団の主戦級

近年はもはやマイネル系専属騎手のようなイメージの丹内騎手。ラフィアンやビッグレッド、岡田繁幸氏名義などなどで勝ち星の3分の2以上を占めています。個人事業主である騎手にとってはあまり偏るのは良くないのですが、そんなことも言ってられないくらいの癒着ぶりです。柴田大知騎手と丹内騎手がこの軍団の専属ジョッキーの2強といえるかもしれません。もっとも、騎手としての技量は相当微妙です。基本的に位置取りで勝負するタイプで、とりあえず前に行って粘り混むのが好走パターンであり穴パターン。マイネルフロストやマイネルミラノで再三見せてきた先行押し切りの形です。ただ上手いわけではなく、ただ前に行くだけなので、それが叶わないとプランBはほぼ発動されないわけです。技術力というよりは位置取り勝負というのが現状で、ある意味マイネル軍団には合っているのかもしれません。

特徴 積極的 ダート＜芝

丹内騎手の特徴をひとことで言えば、〝追えない〟ということになるかもしれません。好走の大半が逃げ先行です。また芝と比べるとダートの成績が圧倒的に悪いのも追えないことを端的に示しています。

▼2019年〜2020年2月
芝／25勝　複勝率／21・8％
ダ／7勝　複勝率／13・9％

ご覧の通り、これ以外のあらゆる指標を見てもダート＜芝となっています。そして、追えないので大型馬は全くダメです。2017年以降520キロ以上の馬で74回出走し未勝利と散々。芝の重不良も成績が明らかに落ちます。その中で唯一誇れるのは芝の内枠での強さ。2019年の函館記念2着のマイネルファンロンは3枠6番から2番手につけ粘り込みました。

穴のパターンはだいたい決まっているので、狙いは立てやすいジョッキーです。

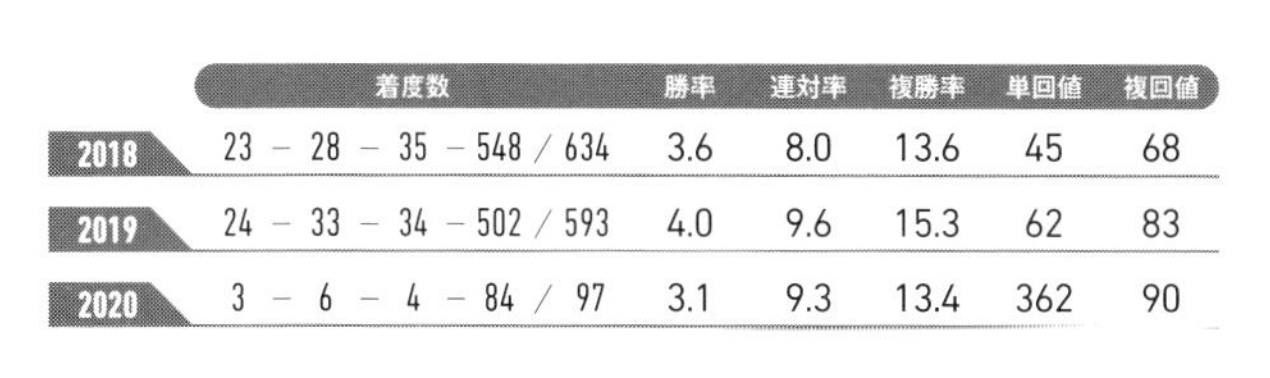

	着度数	勝率	連対率	複勝率	単回値	複回値
2018	23 － 28 － 35 － 548 / 634	3.6	8.0	13.6	45	68
2019	24 － 33 － 34 － 502 / 593	4.0	9.6	15.3	62	83
2020	3 － 6 － 4 － 84 / 97	3.1	9.3	13.4	362	90

木幡巧也

現状　20年ダイヤモンドSで大金星

デビュー年には45勝といきなり頭角を現した関東期待の若手騎手ですが、その後は落馬などもありやや伸び悩み傾向。しかし、本書締め切り間際にとてつもない大穴をあけました。シンガリ人気のミライヘノツバサに騎乗したダイヤモンドSで、単勝325・5倍での大金星を挙げたのです。直線はややヨレながらもラスト200m以上をビッシリ追い続ける姿は迫力もあり、久々に大きな舞台で存在感を示しました。

特徴　逃げ先行型　追える

ダイヤモンドSはある意味で木幡巧騎手の特徴がよく出ていた気がします。その特徴とは、とにかく体力があり追ってもバテないこと。過去の重賞での馬券絡みは3400mのダイヤモンドSと、あとはダート1800mのマーチS&レパードSというのは偶然ではないでしょう。2019年以降の成績を見てもダート戦の方が優れており、自身の騎乗で4連勝を飾ったクイーンズテソーロはダートの短距離馬ですし、アポロチーターやレオアルティメットのような500キロを楽に超える超大型馬を先行させてバテさせない騎乗が持ち味です。逆に言えば繊細な差し馬の脚を溜めて末脚を伸ばすようなタイプではないので、大半の勝利が逃げ先行でのものです。コンビで2勝を挙げているヒシヴィクトリーもやはりジリっぽい中距離型、ミライヘノツバサとも手が合っていたといえます。

ちなみにそれを示すのが勝利数の中での〝上がり最速率〟。木幡巧騎手は2019年以降の27勝のうち上がり最速での勝利は3勝のみ。これが例えば藤岡康騎手だと同期間で66勝のうち33勝が上がり最速での勝利です。馬質が異なるとはいえ、脚を溜めるというよりはパワーで先行して、自慢の腕っぷしとスタミナで持たせる、それが木幡巧スタイルということになるでしょう。

	着度数	勝率	連対率	複勝率	単回値	複回値
2018	44 − 29 − 43 − 470 / 586	7.5	12.5	19.8	106	82
2019	24 − 27 − 40 − 412 / 503	4.8	10.1	18.1	47	68
2020	6 − 1 − 3 − 36 / 46	13.0	15.2	21.7	289	96

川又賢治

現状　やや伸び悩み傾向

東京出身で競馬とは関係のない家庭育ちの川又騎手。坂井瑠星騎手とは同級生で、競馬ゲームなどを共にする中で騎手に興味を持ったとのことです。2年目には44勝と飛躍を遂げますが、昨年は24勝とほぼ半減。ジョイフルとのコンビで存在感を示したものの、やや伸び悩み傾向と言えるかもしれません。

特徴　外回す　差しが得意

ジョイフルとのコンビではたびたび外を回して追い込んで来ていますが、騎乗フォームはとても綺麗。もともと野球をやっていたとのことなので、運動神経自体が良いのかもしれません。ただ、全体に外を回しがちな傾向があり、デビュー以来芝の8枠での複勝率がすべての枠の中で一番高い。これは聞こえは良いですが、逆に言えば内枠を生かしてロスなく立ち回るような競馬が苦手ともいえます。若手騎手といえばまずは減量を生かして積極策…となるはずですが、川又騎手の場合は違う。データ上も逃げ率はそこまで高くなく、むしろ差し馬を持ってくるのが上手い。その技術が生きたのが昨年の秋の福島・二本松特別でした。6番人気のカフジジュピターに騎乗したこのレースでは、最内枠でのスタートでしたが上手くなだめて脚を溜めると、道中は何とか折り合い直線は外へ。最後は鋭く伸びて差し切りました。2Fの距離延長でのテン乗りと難しいシチュエーションでしたが、川又騎手の技術が生きた印象です。ペガーズとのコンビでも2勝していますが、いずれも荒れ馬場で直線は外に持ち出していました。

内を突いてほしい場合でも割と外に持ち出すケースが多いので、特に芝では基本的に外が伸びる馬場や荒れ馬場で評価し、インが伸びるような馬場状態の場合は少し危ないという印象です。

ある意味で若手騎手らしくないタイプですが、特にローカル芝の穴ジョッキーとしては期待できそうです。

	着度数	勝率	連対率	複勝率	単回値	複回値
2018	25 − 19 − 27 − 383 / 454	5.5	9.7	15.6	90	66
2019	24 − 21 − 22 − 355 / 422	5.7	10.7	15.9	47	55
2020	1 − 2 − 2 − 51 / 56	1.8	5.4	8.9	118	50

2019年
全国リーディング
46位

柴山雄一

現状 20年3月より関西に移籍

臨機応変…というと非常に良いことに感じますが、騎手を見て行く中では実は難しい。ワンパターンな方が馬券的には頼りになったりします。その点柴山騎手は比較的わかりやすいジョッキーです。買える騎手かと問われれば正直かなり疑問ではありますが、取捨を考えやすい、買いどころを迷うことがない騎手なのは間違いありません。

特徴 消極的 外回す

では、どのような特徴があるのか？　一言でいえば、とにかく〝消極的〟、そして〝大半は外を回す〟これに尽きます。スタートから溜めて行って差すのが基本的なスタイルで、重賞好走もほぼ例外なく同パターン。2019年の重賞での馬券圏内はカリビアンゴールドで挑んだクイーンSで大外枠から溜めて差して3着、サトノアレスで挑んだ東京新聞杯でも溜めて差して2着の2回。そして2017年以降唯一の重賞勝ちとなる2017年の函館記念でも、やはりルミナスウォリアーとのコンビで外からの差しを決めました。

もっとも、このパターンは馬場や展開待ちの面があり、2019年の金鯱賞ではアルアインとのコンビを組み、終始折り合いに専念するもののロスが大きく何もできず終了。次走では北村友騎手に乗り替わるとインから先行して抜け出し大阪杯制覇。騎手のスタイルの違いが顕著に出たレースぶりでした。

積極性が足りずほぼ逃げないのですが、それにしても2019年以降逃げ切りがゼロは、かなり極端です。積極性のなさが特に弱点になるのは、ダート短距離戦です。同期間でダート1200m以下には58回出走していますが、1勝もできず(0−3−0−55)という成績。比較的取捨がわかりやすく、頼りにはなりませんが、キッチリ特徴を把握すれば上手く付き合えるジョッキーです。

荻野極

	着度数	勝率	連対率	複勝率	単回値	複回値
2018	30 − 32 − 36 − 513 / 611	4.9	10.1	16.0	51	60
2019	21 − 26 − 25 − 377 / 449	4.7	10.5	16.0	85	68
2020	2 − 7 − 3 − 65 / 77	2.6	11.7	15.6	15	61

現状　一時の勢いが失われ…

荻野極騎手といえばかつては関西の若きホープというイメージでした。乗れる若手としてコアなファンの間では語られていましたし、実際デビュー2年目には47勝と飛躍のきっかけを掴み、アキトクレッセントとのコンビでは武蔵野Sで15番人気3着に突っ込むなどたびたび穴をあけていました。ところが、その後はめっきり影が薄くなっています。重賞での騎乗もあまりなく、2019年はほぼノーチャンスの人気薄ばかりでたった5レースのみ。重賞に限らず2019年通しての騎乗数もデビュー1年の442回とほぼ変わらない449回と、実質的にはデビュー以来最低騎乗数となってしまいました。アキトクレッセントも管理していた清水厩舎からの独立がひとつの分岐点になってしまった感じですが、それにしても心配な現状です。果たしてここから再浮上することはできるのでしょうか？

特徴　早仕掛け目立つ

現在の窮状が騎乗ぶりにも悪影響を及ぼしています。もともと乗れると言われていたので技術的に見るところはあるはずなのですが、最近は焦りなのか早仕掛け傾向があり、馬の力を引き出せないシーンが見られます。サンライズサーカスやロイヤルパールスでの人気裏切りもともに早仕掛け。最近はヒラソールとのコンビで安定して走っていますが、レースぶりを見ていると馬の能力が高いだけなのでは…と思えてきます。もっとも、馬を動かす力はあるので芝よりはダート向きで、芝の荒れ馬場にも強い印象です。印象深いのはギルマで挑んだ20年玄海特別。馬場は完全に外が有利でしたが、最内枠から思い切って逃げを打つと直線も懸命に追ってギリギリ残しての3着。15番人気ながら思い切りの良い判断が活きました。同開催の小倉ではパルフェクォーツでも荒れ馬場で逃げて穴をあけており、以前より存在感が希薄になっている分、当面は穴で美味しい状況が続くかもしれません。

北村宏司

2019年 全国リーディング 50位

	着度数	勝率	連対率	複勝率	単回値	複回値
2018	62－53－71－629／815	7.6	14.1	22.8	63	73
2019	20－34－34－291／379	5.3	14.2	23.2	54	71
2020	4－6－8－87／105	3.8	9.5	17.1	67	63

現状 ケガから復帰し逆襲へ

かつては年間100勝の常連でもあった北村宏司騎手。ケガさえなければ今でも年間50勝は楽に超えて来るので、本書のこの位置での掲載となったのは、昨年の上半期の大半をケガで棒に振ったためです。なお、柴山騎手のところで〝臨機応変〟は馬券的には扱いづらいと書きましたが、まさにその代表が北村宏騎手です。よく言えば割と柔軟、悪く言えばあまり色がないタイプのジョッキーだけに、ワンパターン的なポイントが少なく、傾向を見いだしづらいというのが正直なところです。

特徴 先行タイプ 芝の内枠◎

基本的な競馬スタイルは、藤沢和雄厩舎所属でデビューしたジョッキーらしく先行～好位差し。いわゆる逃げでも追い込みでもなく、安定したスタイルを好みます。この辺りは、厩舎の先輩でもあった岡部仕込みなのかもしれません。したがって、基本的には芝の内枠巧者で2017年以降で見ても芝の1枠と8枠でハッキリと成績の差が出ています。

▼北村宏司騎手2017年以降芝枠別成績
1枠　勝率／11・1％　単勝回収率／115％
8枠　勝率／6・5％　単勝回収率／39％

少々古い例にはなりますが、ルージュバックの現役時、北村宏騎手が一度だけ騎乗したのが2017年のオールカマー。5番人気とやや評価を下げていましたが、好位にスッとつけて抜け出すというそれまでの粗削りな印象を一新する器用なレースぶりで、戸崎騎手とのスタイルの違いがハッキリと出た一戦でした。なお、故障期間があった影響で最近は大舞台での活躍がやや減っていることもあり、妙味は上昇中。腕は間違いなくあるので、テトラドラクマでのオーロC制覇やベストマッチョでのバレンタインS3着など、上級条件での穴にも期待できるので、2020年は逆襲の一年にしたいところです。

川須栄彦

	着度数	勝率	連対率	複勝率	単回値	複回値
2018	14 − 14 − 20 − 284 / 332	4.2	8.4	14.5	80	62
2019	19 − 22 − 13 − 298 / 352	5.4	11.6	15.3	106	70
2020	5 − 3 − 2 − 48 / 58	8.6	13.8	17.2	303	89

現状　かつての輝きも今は昔

すっかり「あの人は今」状態です。2年目に年間91勝、3年目には重賞3勝、関西でも目立つ存在でしたがその後は鳴かず飛ばずで、２０１６年以降は10勝台と苦しんでいます。ただ、川須騎手の低迷はある程度予見できました。というのも若手の頃の活躍はほぼ減量を生かしての積極策ばかり。それは良いのですが、その後のプランBというか、伸びシロがなかった。学生生活でも最初は賑やかなお調子者が人気になりますが、やがていろんな面が見えて来てそうではない人に興味がわいてくる。オードリーなら最初は見た目もしぐさ特徴がある春日に目が行くけど、時間が経つにつれて掘れば掘るほど面白そうな若林の人気がジワジワと上がって来るのと同じです。川須騎手はそういう点で現状若い頃からの変化があまり感じられず、それならば減量特典のある若手に…という状況が苦戦を生み出している可能性があります。

特徴　積極的　差し追い込み×

特徴は明確で、とにかく積極策がウリです。人気でも人気薄でも厭わずハナに行くそのスタイルは今でも健在。２０１９年以降の24勝のうち逃げ切りが10勝、先行策が12勝、差し追い込みでは2勝とかなり極端。人気薄での逃げは展開や馬場次第ですが、馬券的にも怖い騎手ではあります。２０１９年の銀嶺S当日は雨で不良馬場。10番人気のヒデノヴィーナスに騎乗した川須騎手は迷わず逃げの手を打つと直線粘って3着。7番人気ウインストラグルで挑んだ水無月Sも強烈で、スタートでやや後手を踏むも、そこから渾身のガシガシ追いで無理やりハナを奪うと直線もそのまま逃げ切り勝ち。このパターンでは非常に頼りになります。

ただ単勝2・9倍のグレースゼットで臨んだ天草特別では最内枠から出鞭を入れての逃げを打ちますが、前半の無茶がたたり直線は失速、差し馬の台頭を誘発しました。やはり融通はあまり利かない。名前は〝カワス〟ですが、レースぶりは〝交わせない〟騎手というのが現状です。

柴田大知

	着度数	勝率	連対率	複勝率	単回値	複回値
2018	30 − 49 − 58 − 675 / 812	3.7	9.7	16.9	37	58
2019	18 − 33 − 45 − 565 / 661	2.7	7.7	14.5	62	71
2020	4 − 4 − 2 − 80 / 90	4.4	8.9	11.1	142	74

現状 マイネル軍団の主戦

もはやマイネル軍団専属ジョッキーと言っても良いかもしれません。勝ち星のほぼすべてがラフィアンの馬やその総帥である岡田繁幸氏関連の馬によるもので、久々の重賞勝ちとなったフェアリーSのスマイルカナも同氏の所有馬でした。恐らく騎乗に関するオーダーに忠実なのでしょうが、現状買える騎手かと言われると首をかしげざるを得ない。マイネル軍団に見切りを付けられない限りは安泰なのかもしれませんが、完全に依存状態なので、両者の関係に何かあればたちまち騎手生命の危機になりそうです。

特徴 逃げ残りの穴 追えない

肝心の騎乗に関しても現状は買いづらい。たまに出す穴も、もはや柴田大知騎手＝ヘタという認識が一般化しており、それゆえに人気にならない、いわゆる〝マッチポンプ穴〟が大半です。強いて言えば、もともとスピードのある馬を先行させて残すのが穴パターンでしょうか。スマイルカナでの逃げ切りも同様で、ジャパンカップ当日のウェルカムSで逃げ粘ったプレミオテーラーや、逃げてたびたび好走しているマイネルズイーガーなども同パターンです。また、追える騎手ではなく、馬上でフラつくケースも多く、基本は外を回します。

象徴的だったのはハニージェイドに騎乗した際のレースぶりです。同馬は通算5勝を挙げたオープン馬でしたが、柴田大知騎手は3度騎乗しすべて着外。その結果のみならず内容がお粗末で、他騎手では馬群を突ける馬なのですが、柴田大騎手だと控えて外に出すことしかできない。馬をコントロールできていないからでしょう。その後松岡騎手に乗り替わり、8番人気の低評価ながら内を突いて勝利したのを見てそのことを確信しました。

チューリップ賞のスマイルカナのように、丹内騎手との入れ替わりも多く見られますが特徴に差はありません。マイネルサーパスのように両騎手が乗るとイマイチ、別騎手で勝ち切るケースも見られます。

	着度数	勝率	連対率	複勝率	単回値	複回値
2018	12 － 15 － 24 － 197 ／ 248	4.8	10.9	20.6	60	107
2019	18 － 20 － 15 － 193 ／ 246	7.3	15.4	21.5	81	73
2020	5 － 3 － 2 － 35 ／ 45	11.1	17.8	22.2	199	78

松田大作

現状　19年はやや浮上傾向

浮き沈みのあるジョッキーの世界で、いろいろありつつもなんだかんだで生き残り、危機があっても気づけば浮かび上がってくるのはやはり腕があるからでしょう。2017年以降の3年は10勝台が続いていますが、それでも2019年は過去2年よりは盛り返し18勝。水準以上の腕がある一方で人気になるジョッキーではないので穴での好走率も高く、馬券的には頼りになる存在です。

特徴　自在型　札幌特注

もっとも、腕はあるのですがその戦術は割と自在で、セイウンコウセイで見せたような逃げ先行もあれば、ダートで馬群を捌いて伸びて来るケースもあり、どちらかといえば読みづらい騎手。内枠での穴が多い傾向ですが、あまり決めつけるよりも馬の力はあるけど人気薄…というパターンを狙うのが良いかもしれません。

というのも、松田大作騎手の騎乗する馬はたいていがプロフィール自体地味で人気になりづらいケースが多い。いわゆる今を時めく社台系の馬よりも中小の馬主や牧場の生産馬に騎乗するので、走っても走っても人気にならないわけです。典型的な例が、スリーケープマンボです。スリーケープマンボは5戦目の未勝利勝ちから一貫して手綱を取っていますが、その間の騎乗成績は（3－2－0－9）。しかし、5度も馬券に絡んでいながらも人気は5、7、4、10、12番人気と常に人気薄です。似たような馬は他にも多くいてペプチドフシチョウは未勝利脱出まで3、2、2、1着と好走を続けましたがその間も1番人気にはならず。カネコメアサヒとのコンビでも2度穴をあけています。本稿締め切り間際には、12番人気のナイントゥファイブでフィリーズレビュー3着と存在感を見せました。

なお、特注は夏の札幌開催。過去にはメイショウスザンナで重賞を制するなどもともと札幌には強いので、今年もマークが必要です。

	着度数	勝率	連対率	複勝率	単回値	複回値
2018	23 - 25 - 24 - 412 / 484	4.8	9.9	14.9	42	43
2019	18 - 18 - 18 - 291 / 345	5.2	10.4	15.7	100	77
2020	3 - 5 - 4 - 47 / 59	5.1	13.6	20.3	32	85

田中勝春

現状 近年は低位安定傾向

関東ではお馴染みのベテラン騎手ですが、近年はだいたい年間20勝前後という低位安定傾向です。それでもなんだかんだ関東のベテラン騎手はしぶといイメージがあります。田中勝春騎手もかつてのように目立つ存在ではありませんが、良い意味でネタにされやすい愛されキャラで、上手いというイメージもあまり持たれていないために意外なほど(?)安定感と妙味があるジョッキーになってきています。

特徴 人気馬◎ 重賞×

GⅠでの連敗記録が有名ですが、基本的に重賞ではアテにはならない騎手です。函館記念ではマイスタイルでの逃げ切りを決め久々の重賞制覇を飾りましたが、柴田大知騎手がスマイルカナで逃げ切りを決めたのと同様に、展開と馬場に恵まれた逃げ切りは、割と普段勝てないジョッキーがたまに勝つパターンとしてありがちです。マイスタイルでも人気を裏切ることの方が多く、コチラの方がキャラクターの把握としては正しいでしょう。もっとも、近年は人気しづらくなっているためか、結果的に人気馬での安定感は増しています。2017年以降1番人気での勝率は3年連続で50%ちょうどと平均より高く、複勝率に至っては77・8%。株に例えるならば〝田中勝春株〟は実力以上に低水準にあるということで、実は〝黙って買い〟の状態なのです。

騎乗もあまり工夫するタイプではないので、出たなりでスーッと出して行くことが多く、レッドルチアで挑んだ須賀川特別では本命に指名。外枠から思惑通り出たなりで競馬をして、直線も伸びて7番人気3着と期待に応えてくれました。これだけのキャリアのある騎手ですから、馬に乗るのが下手なわけはない。ただ、競馬では馬乗りの技術とレースで穴をあける能力は異なるとよく言われます。田中勝春騎手も、後者を問われないレースならば割と頼りになるわけです。また、芝よりもダートの方が信頼度は上がるのも以前と変わらない傾向です。

	着度数	勝率	連対率	複勝率	単回値	複回値
2018	12 − 22 − 23 − 485 / 542	2.2	6.3	10.5	43	59
2019	18 − 7 − 22 − 450 / 497	3.6	5.0	9.5	84	50
2020	3 − 3 − 5 − 67 / 78	3.8	7.7	14.1	73	79

江田照男

現状 しっかり健在ぶりをアピール

関東が誇る愛すべきベテラン騎手ランキングでいえば、柴田善臣騎手や田中勝春騎手に次ぐ存在が江田照騎手でしょうか。さらにいえば、穴男のイメージがある騎手ランキングならば、もしかしたらトップクラスかも知れません。かつてのダイタクヤマトやテンジンショウグン、ネコパンチなどなど…競馬史に残る穴の数々は今も語り草となっています。

特徴 中山得意 逃げ先行

さすがに現状はかつてほど目立つ存在ではなくなりましたが、2019年は18勝と2016年以降では最高の勝ち星をマーク、健在ぶりを示しています。そんな同騎手の狙いどころのひとつが、庭ともいえる中山競馬場です。前述した伝説的な穴の数々もすべて中山でのできごとでしたが、やはり小回りでこそ同騎手の意外性が生きるのかもしれません。2019年からで見ても、やはり東京よりも断然中山の成績が良いことがわかります。

▼東京　4−5−11−213／233
単勝回収率37%　複勝回収率43%

▼中山　11−4−9−193／217
単勝回収率131%　複勝回収率62%

直近の中山開催でも、立志Sでのモルフェオルフェの粘り込みや、ブービー人気キャストロペトラの逃げ粘り、東雲賞ではシンガリ人気のボールドジャパンで先行し3着に残すなど活躍を見せています。冒頭のベテラン騎手の中では、未だに先行意欲が高いのも特徴で、逃げ先行での穴はしばしば見られるパターンです。函館スプリントSを5番人気で勝利したカイザーメランジェや、ダイヤモンドSで8番人気2着したサンデームーティエなどはいずれも逃げての穴でした。現在だとカナシバリとのコンビに注目。割と器用さのある差し馬で、コース問わずまだまだ穴での激走が見られそうな気がしています。

	着度数	勝率	連対率	複勝率	単回値	複回値
2018	28 − 23 − 42 − 519 / 612	4.6	8.3	15.2	70	101
2019	17 − 22 − 23 − 421 / 483	3.5	8.1	12.8	79	74
2020	5 − 8 − 3 − 65 / 81	6.2	16.0	19.8	73	7

酒井学

現状　遅咲きの職人は健在

遅咲きの職人といったイメージなのが酒井学騎手。デビューから10年余りは年間10勝もしない程度のかなり地味な存在で、特に2003年～2006年の4年間は合計でわずか10勝止まり。しかし、その後盛り返し今では関西の穴で欠かせない存在になったのですから、やはり確かな腕があるのは間違いないでしょう。2019年には京都新聞杯をレッドジェニアルで制し、トーホウジャッカルでの菊花賞以来約4年半ぶりの重賞制覇を成し遂げました。

特徴　自在型　芝長距離◎

騎乗スタイルは逃げ差し自在ですが、腕っぷしの強さで勝負するよりはコース取りや脚を溜める技術で穴をあけるイメージです。2020年、11番人気のレイホーロマンスを3着に持ってきた愛知杯は同騎手らしい考えた騎乗でした。前走で3000mの万葉Sを使っていた同馬は、一気に1000mの距離短縮となったため前半は追走に苦労することが予想されました。そこで酒井騎手が取った作戦は、スタートから思い切り出して行くこと。案の定ゲートから行きっぷりが悪かった同馬を約200mに渡り追っ付け通しで何とか位置を確保し、3番枠からロスなく好位を立ち回ることに成功、3着激走をアシストしました。

また、基本的にはダートよりも芝向きで、特に上級条件は断然芝が狙い。そして、長丁場に強いのも特徴。2019年以降の芝での特別勝ちはすべて1800m以上で、重賞での好走も前述した菊花賞や京都新聞杯に加えて、2017年のダイヤモンドS2着ラブラドライト、2018年日経新春杯3着のガンコなど、長距離戦が目立ちます。今後もローカルや中長距離重賞で渋い活躍をみられるはずです。

菊沢一樹

	着度数	勝率	連対率	複勝率	単回値	複回値
2018	19 – 10 – 24 – 343 / 396	4.8	7.3	13.4	105	69
2019	17 – 22 – 19 – 411 / 469	3.6	8.3	12.4	43	61
2020	2 – 2 – 7 – 74 / 85	2.4	4.7	12.9	79	58

現状 伸びしろ感じる騎乗ぶり

叔父に横山典騎手がいる菊沢一樹騎手。風貌もどことなく横山典騎手に似ています。２０１９年はミッキースワローで挑んだ七夕賞で待望の重賞初制覇も飾り、徐々に存在感を増しています。年間20勝前後が現状の相場ですが、それ以上の存在感や可能性を感じさせるのは、減量を生かしての逃げ先行だけでなく差し馬での活躍も見られるためでしょうか。川須騎手のところでも触れましたが、若い騎手の最初の戦術はやはり減量を生かした逃げ先行が通常です。しかし、やがてそこを脱却しないと次のステップに進めず、最初は勝てても減量が取れた頃に伸び悩み始める。その点、菊沢騎手には現状の勝ち星は多くなくてもそれ以上に伸びしろを感じるわけです。

特徴 差し馬で穴

現在代表馬といえるのが前述のミッキースワローと、そして今年のジャニュアリーSでも10番人気で2着に突っ込んだハットラブ。ハットラブは短距離ダート専門の差し馬ですが、上手く末脚を引き出しています。その他も穴で期待できるのは差し馬。特に印象深いのは豊川特別を制したセグレドスペリオルでのレースぶりでしょうか。同馬は行きたがる面があり乗り難しいタイプ。常に最後方付近からの競馬で脚は使うけども届かずのレースが続いていました。そんな中で初コンビを組むと、出たなりで上手くなだめつつ引っ張り過ぎず馬群の中団やや後ろを追走。行きたがる気性を考慮し、道中はイン、直線も外に出さず脚を溜め、ラスト1F付近でようやく外に促すと一気に脚を使って差し切りを決めました。7番人気と伏兵でしたが、この勝利は菊沢騎手の腕でもぎ取ったといって良いほどの鮮やかさ。横山典騎手を彷彿させるものでもあり、才能の一端を存分に感じさせる内容でした。ミキノドラマーでラチ沿いの僅かな隙間に突っ込み丹内騎手を驚かせたルミエールオータムダッシュの内容も見所があります（是非ＶＴＲをご覧ください）。今後も穴の差し馬で活躍が期待できるでしょう。

	着度数	勝率	連対率	複勝率	単回値	複回値
2018	9 − 16 − 8 − 222 / 255	3.5	9.8	12.9	115	86
2019	17 − 12 − 16 − 277 / 322	5.3	9.0	14.0	109	70
2020	4 − 5 − 5 − 66 / 80	5.0	11.3	17.5	87	86

横山和生

現状 才能感じさせるも伸び悩み

横山和生騎手に対して筆者はかつて強烈なインパクトを受けたことがあります。2013年の函館最終週、ちょうど現地観戦していたのですが、この週に2ケタ人気馬での2勝を含む合計6勝の大活躍。父横山典騎手ばりのクリエイティヴな騎乗で、これは楽しみな若手が出てきたと思ったものでした。しかし、その後は年間10勝台が続いており、伸び悩みといえる現状かもしれません。

特徴 芝で先行 ダートで差し

〝横山家の血筋〟らしく、勝つときは鮮やかです。2020年の黒竹賞ではデルマオニキスに騎乗、大外枠で出遅れるとすぐさまインに進路を切り替え、直線入り口まではじっと外に出したくなるところでも我慢し、最後は最内を突いて伸びて9番人気で鮮やかな勝利。ちなみにこの日の中山では3戦3勝の確変。さらに2週後、同じ中山ダート1800mのアレキサンドライトSではメイショウササユリに騎乗、10番枠からやはりインに入れると末脚を引き出して11番人気2着、その他にもフクノグリュックやシベリウスなど、ダートのハイペースに乗じての差しの穴が頻繁に見られます。

一方で芝の中距離戦では柴田善騎手が騎乗し控える競馬をして大敗していたトーセンスーリヤの手綱を取ると、一転して先行策で好走を続けています。同馬に騎乗時は3戦連続で好走しましたが、5番人気3着→6番人気1着→4番人気2着と、好走しても人気になりにくいので馬券的には旨味があります。ちなみに序章で取り上げた柴田善騎手が騎乗し控えた馬は、このトーセンスーリヤです。「芝で先行、ダートで差し」のパターンには今後も注意でしょう。

勝ち星だけ見ると現状は低迷しているように見えますが、穴ジョッキーとして買いどころはあり。特に小回りでは一発に注意したいです。今後キッカケ一つで再浮上の余地ありとみます。

藤井勘一郎

	着度数	勝率	連対率	複勝率	単回値	複回値
2018	- - - - - - - - / -	-	-	-	-	-
2019	15 - 17 - 23 - 311 / 366	4.1	8.7	15.0	55	70
2020	4 - 2 - 2 - 48 / 56	7.1	10.7	14.3	66	63

現状　独特の存在感を発揮

オーストラリアで騎手免許を取得し、地方での騎乗も経て2019年にJRAデビューした異色のオールドルーキー。ジャンダルムとのコンビを組んだ京成杯AHで3着に突っ込むなど、まずまずの活躍を見せています。もっとも、その騎乗スタイルはやや癖が強め。海外仕込みで馬を気分良く走らせるというよりは、必死に叱咤激励して動かすという、わかりやすく言えば内田博幸スタイル。条件を選ぶタイプと言えそうです。

特徴　追える　荒れ馬場◎

藤井騎手の特徴がよくわかるのがプリンスオブペスカとのコンビでしょうか。この馬はとにかくズブくて、追って追って伸びて来るジリっぽいタイプ。同騎手が騎乗する前のレースでは、〝消極系〟の代表である柴山騎手が騎乗し何もできず終わっていました。ところが藤井騎手がテン乗りとなった淡路特別では、向こう正面で一気にスパートさせ2番手に押し上げ、直線もグイグイ追って5馬身差の圧勝劇。デビュー早々に〝追える藤井〟を印象付けました。ただ、馬への当たりがキツイのか、スタートからの加速が悪いケースが多く、流れに乗るのは上手くない。それを如実に表すのが短距離での苦戦傾向。

▼1200m以下（1-1-3-86）
単勝回収率3%　複勝回収率15%

切れる馬が多いディープ産駒では17戦して（0-1-0-16）と苦戦しており、逆にズブイ馬が多いハーツクライ産駒ではプリンスオブペスカでの2勝を含め（2-3-5-14）と複勝をベタ買いしても儲かる好成績を挙げています。また馬体重が大きいほど成績が良い傾向があり、割と癖強めなので馬券的には結構買いやすい気がします。芝の道悪は合うと思いますし、急坂のスタミナ戦や開催後半の荒れ馬場なんかも良いはず。そこはかとなく、「西の内田博幸」感が漂う、それが藤井騎手です。

	着度数	勝率	連対率	複勝率	単回値	複回値
2018	11 − 9 − 10 − 134 / 164	6.7	12.2	18.3	52	80
2019	15 − 15 − 25 − 237 / 292	5.1	10.3	18.8	77	80
2020	1 − 1 − 1 − 39 / 42	2.4	4.8	7.1	38	25

2019年
全国リーディング
64位

中谷雄太

現状　矢作厩舎の準主戦

２００7年には年間0勝だったこともある中谷騎手ですが、その後プチ復活。今は矢作厩舎の馬で勝ち星の３分の1以上を稼ぎ、存在感を示しています。低迷期には札幌遠征の際、月曜日も1日も休まずに牧場回りをしてコツコツと乗り馬集めに精を出した苦労人。もう40歳を過ぎベテランの域ですが、騎乗ぶりは良い意味で泥臭く積極策が持ち味です。

特徴　積極的

基本的に馬乗りの技術で勝負するタイプではなく、気持ちで乗るタイプに見えます。その良さが出たのが２０１9年の阪神大賞典でしょう。カフジプリンスに騎乗すると、ラスト１０００ｍ標識を確認して決めていたかのように追い始め、最後の５Ｆはほぼ追い通しでした。しかし、ズブイ同馬にはそれくらいが良かったのでしょう。最後までしぶとく伸びて2着と好走しました。ラスト１Ｆあたりでは中谷騎手も少し疲れていたように見えたのは気のせいでしょうか（笑）。

また、持ち味の積極策を生かした穴も散見されます。瓢湖特別ではピボットポイントに騎乗。行く馬がいないとみるや逃げの手に出て、５Ｆ通過62秒5のスローに持ち込み、9番人気を覆す逃げ切り勝ちを決めます。藤岡康騎手からの乗り替わりとなったメンターモードで出走した２０１9年4月13日の５００万条件戦（当時）でも、決め打ちをしたかのようにスタートから気合いをつけて前に行って押し切り勝ち。乗り替わりでの逃げ先行は穴パターンのひとつです。特に藤岡康騎手からの乗り替わりは２０１9年以降だけで（３−０−０−４）と好成績。これはたまたまではなく、溜めるのが得意な藤岡康騎手とは異なるタイプなので、馬の別の良さを引き出せるのでしょう。技術的に秀でているわけではないと思いますが、穴をあけるのに必要な積極性と気持ちの強さを持ち合わせているので、低迷している馬にとってのスパイスになり得る存在です。

木幡育也

	着度数	勝率	連対率	複勝率	単回値	複回値
2018	15 − 13 − 23 − 381 / 432	3.5	6.5	11.8	127	77
2019	15 − 13 − 25 − 414 / 467	3.2	6.0	11.3	54	68
2020	3 − 0 − 3 − 65 / 71	4.2	4.2	8.5	215	86

現状　藤沢和雄厩舎の馬で活躍

現在デビュー4年目。木幡3兄弟の「末っ子」が育也騎手です。デビュー2年目と3年目は15勝を挙げ、多摩川Sでは16番人気のファストアプローチであっと驚く逃げ切りを決めるなど特別レースでも存在感を示しています。藤沢和厩舎に所属していることで素質のある管理馬が頻繁に回って来るのは大きく、ライラックカラーやクラヴィスオレアなど、同厩舎の穴担当といった位置づけになっています。ちなみに同厩舎とのコンビはデビュー以来3年連続で複勝回収率プラスという、まさにドル箱コンビと言えます。

特徴　積極的

もっとも、それと将来有望かはまた別の話。というのも基本的な騎乗スタイルは積極策で、逃げ馬での穴が多い反面、差し追い込み系では人気薄が多いとは言えイマイチ結果を出せていません。先行力で結果を出している若い騎手は減量が取れると突如苦戦を強いられたりするので、今後戦術の幅を広げて行けるかがカギになりそう。

というわけで、現状の狙いも逃げ先行です。トーラスジェミニとのコンビでは逃げ先行策で3勝を挙げていますが、9、6、13番人気とすべて人気薄での逃げ先行でした。2勝を挙げているマテリアルワールドとのコンビでもともに逃げ切り、先述した藤沢和厩舎所属のクラヴィスオレアとのコンビでも逃げと番手で好走をしています。ライラックカラーでは差して勝ってもいますが、次走マーフィー騎手でも勝利したように馬自身が力を付けていた感が強く、騎手の技術で勝った印象はありませんでした。微妙なオッズの馬が多いとはいえ、2019年以降1番人気馬で(0−0−2−5)という不発の多さも気になるところ。とりあえず馬券的には逃げ先行を警戒しつつ、穴馬で狙うのが基本的な戦略で、人気馬では少し疑うくらいの方が良いのではないでしょうか。

	着度数	勝率	連対率	複勝率	単回値	複回値
2018	32 － 32 － 37 － 326 / 427	7.5	15.0	23.7	60	74
2019	15 － 9 － 15 － 172 / 211	7.1	11.4	18.5	41	51
2020	0 － 0 － 0 － 0 / 0	-	-	-	-	-

2019年
全国リーディング
66位

蛯名正義

現状　勝負強さは健在

2019年は15勝と大きく勝ち星を減らしましたが、これは調教師試験に専念した時期があったためで、勝率はほぼ横ばいです。調教師試験は結果的に不合格となってしまったため、まだまだ現役で騎乗する姿を見られそう。2019年は大舞台での活躍こそ見られなかったものの、ホウオウサーベルやゴージャスランチ、イェッツトなど、相変わらず芝の中長距離での勝負強さを見せてくれました。現在は落馬で療養中です。

特徴　強気　ダート＜芝

基本的な騎乗スタイルはかつても今も大きく変わりはありません。筆者は「蛯マクリ」と呼んでいますが、強気の仕掛けで馬のポテンシャルを引き出すスタイルで中長距離には滅法強い。マリアライトやマンハッタンカフェでのGI制覇のイメージです。それとダートよりも圧倒的に芝向きなのも特徴。芝偏重は年々極端になっており、2019年はダートで僅か2勝止まり。基本的には芝で買い、ダートは疑うのがセオリーです。

もう2000勝もしている名ジョッキーなので今さら凄さを語っても意味はない。むしろ本書だから書ける蛯名騎手の弱点を明らかにして馬券に役立てる方法をお伝えします。その弱点は、とにかく仕掛けが強気すぎることです。基本的な戦略は前半ゆっくり入って後半で強気に仕掛ける、したがってその負荷の強い競馬に馬自身が耐えられなかったり、あるいはマクリが利かない内が伸びる立ち回り戦では割引が必要になります。

2番人気で臨んだ昨年の函館記念はマイスタイルが逃げ切る内枠有利のレースでしたが、最内枠の蛯名騎手騎乗レッドローゼスは4コーナーでマクりを打って直線伸びず6着。前走の福島民報杯では厳しい流れをマクって勝利していましたが、立ち回り勝負になり強気の仕掛けがアダになってしまいました。騎乗ぶりは今でも若々しいので、元気に復帰してくるのを待ちたいと思います。

	着度数	勝率	連対率	複勝率	単回値	複回値
2018	13 − 11 − 13 − 76 / 113	11.5	21.2	32.7	61	89
2019	15 − 8 − 3 − 75 / 101	14.9	22.8	25.7	128	58
2020	3 − 2 − 1 − 11 / 17	17.6	29.4	35.3	88	77

森一馬

現状 19年障害リーディングを獲得

２０１９年はジャンプレースで全15勝を挙げ、障害競走の若きリーディングに輝いたのが森一馬騎手。以前はマジェスティハーツやラインスピリットなど平地重賞での活躍も見られましたが、最近は障害での活躍が中心です。特に障害の重賞に限れば２０１７年以降20レース中14レース、つまり70％も馬券に絡む驚異的な好走率をマーク、ＪＲＡ賞の授賞式では高らかに前人未到の年間20勝を宣言した森一馬騎手のどこが凄いのか、そして狙いどころを考えてみます。

特徴 スタート◎ 落馬少ない

もっとも、平地と異なり障害戦は安易に言及はできない面があります。地上波のコメンテーターではないので、わからないのに適当なことを言うわけにはいきません。しかし、全レースチェックをしている立場から、誰が見てもわかる森一馬騎手の優れているところがあります。それは、「ゲート」です。

とにかく出遅れない。障害戦は長丁場ですからスタートはソロっと出る馬も少なくない。ですが、森騎手が騎乗する馬はたいていスタートを決めています。森騎手自身もゲートは自信があると語っていましたが、２０１９年以降の障害未勝利戦を除くオープンや重賞で出遅れたのは、恐らくローレルヴィクターに騎乗した時だけでしょう。メイショウダッサイで半馬身ほど出遅れたことがありましたが、あとはほぼ綺麗にスタートを決めています。例えばマイネルプロンプトは別の騎手が騎乗していたころはゲートが速い馬ではありませんでしたが、森騎手が乗るとロケットスタートを決めてきます。

もうひとつ、障害戦で懸念されるのが落馬リスクでしょう。しかし、森騎手は落ちない。２０１７年以降、経験不足の馬が多くいる障害未勝利戦を除くと、81戦して落馬はローレルヴィクターでのたった一度だけ。イメージほど落馬で即終了のリスクはないので、障害レースを敬遠するのはもったいないのかもしれません。

	着度数	勝率	連対率	複勝率	単回値	複回値
2018	21 − 39 − 32 − 392 / 484	4.3	12.4	19.0	117	99
2019	14 − 17 − 32 − 366 / 429	3.3	7.2	14.7	76	82
2020	1 − 3 − 7 − 65 / 76	1.3	5.3	14.5	5	108

国分恭介

現状 近年、モデルチェンジ中

騎手を研究することの良さの一つに、基本的に騎手のスタイルは大きく変わらないことがあります。蛯名騎手のところでも書いた通り、未だにマンハッタンカフェのレースが現在の騎乗のイメージに使える。馬は常に入れ替わり、馬券術は次々に新しいものが出て来る一方、人間の個性というのは意外なほど変わらないわけです。そういえば、我々も馬券で毎週のように同じ失敗を繰り返しているではないですか…（涙）。そんな中で、珍しく大きな変化を遂げようとしている気配があるのが国分恭介騎手。もともとは逃げ先行を好み、とにかく前に行くことで穴を出していたジョッキーですが、近年は逃げ率が低下、差し追い込みでの穴が増えています。

特徴 決め打ち系 ダートの差し

特に最近増えているのがダートでの差し。貴船Sでは14番人気マイネルラックに騎乗し馬群を捌いて3着。テイエムクイーンでの19年暮れの未勝利勝ちも鮮やかな差し切り、年が明けてからも橿原Sではスナークライデンに騎乗し後方から上がり最速で伸びて10番人気3着、他にもクリノアントニヌスなど、ダートでの差しの穴が多々見られます。レースぶりもスタートから決め打ちしたように脚を溜めており、新たなスタイルを試みているように見えてなりません。

もちろん逃げ先行も健在で、そこは以前と変わっていません。２０１９年もリアンヴェリテとのコンビで逃げてOP2連勝を含む3勝を挙げる活躍を見せた他、武庫川Sをコスモイグナーツで、千種川特別をマイネルパラディで逃げ切るなど、上級条件でも活躍を見せています。というわけで今は変化の最中なので決めつけることはできませんが、今後はダートの差し追い込みでの一撃…というのが持ち味になっていくかもしれません。決め打ち系の穴ジョッキーとして注目です。

中井裕二

	着度数	勝率	連対率	複勝率	単回値	複回値
2018	7－10－16－192／225	3.1	7.6	14.7	147	124
2019	13－17－17－204／251	5.2	12.0	18.7	81	82
2020	1－0－1－33／35	2.9	2.9	5.7	36	12

現状 騎手としては正念場

デビュー2年目の37勝をピークに、その後はだいたい10勝前後と低迷気味です。かつてはローレルベローチェとのコンビで重賞戦線を沸かせましたが、最近は重賞で騎乗する機会もめったになく、騎手として正念場を迎えているかもしれません。

特徴 芝へダート 大型馬得意

もっとも、だからと言って腕のないジョッキーではありません。活躍の中心が平場なので目立ちませんが、特にダートでの活躍が目立ちます。２０１７年以降で見ても32勝中23勝までがダートで、勝率も芝の倍、ダートに限れば短距離でも中距離でも割と満遍なく期待できます。中井騎手というとローレルベローチェのイメージや、データなどからも割と積極策を武器にした逃げジョッキーと思われがちですが、意外と言ったら失礼ですが腕っぷしが強く追えるジョッキーです。デビュー当時は川田騎手や岩田騎手を憧れの先輩として挙げていただけのことはある。それを明確に示すのが、巨漢馬での強さでしょう。２０１９年以降の成績だと、４８０キロ以上と４８０キロ未満でハッキリと成績の差が出ます。

４８０キロ未満　５－８－７－１４５
単勝回収率17%　複勝回収率50%
４８０キロ以上　9－9－11－92
単勝回収率１５５%　複勝回収率１０５%

レースぶりを見ていても納得できるシーンが多々あります。２０２０年の初勝利となったライブリテックスは５００キロ超の大型馬ですが、スタートからガシガシ追ってゴール前で何とか届かせ6番人気で勝利、こちらも５００キロを楽に超えるラテメダイユドールとのコンビでも2戦連続穴をあけています。得意分野だけに特化すれば買いなので、得意分野をキッチリ頭に叩き込んでおけばお気に入りジョッキーになり得る存在です。

	着度数	勝率	連対率	複勝率	単回値	複回値
2018	8－9－19－351／387	2.1	4.4	9.3	21	52
2019	13－10－22－322／367	3.5	6.3	12.3	72	68
2020	2－1－5－71／79	2.5	3.8	10.1	46	69

2019年
全国リーディング
70位

国分優作

現状　マイネル馬で穴を連発

キャリアハイは3年目の45勝、以後じわじわと勝ち星を減らし、2016年からは3年連続ひとケタ勝利、そして2019年は少し盛り返し13勝でした。この勝ち星増加につながったのはマイネル軍団との結びつきでしょう。以前はあまり見かけなかったこのタッグを最近はやたら見かけるようになった気がしますが、そのキッカケは2019年の春でしょうか。マイネルラックに騎乗して挑んだ鈴鹿特別を13番人気で勝利。その後約3か月もの間騎乗はなかったのですが、久々に騎乗したマイネルクラースで挑んだ灘Sを7番人気で勝利。人気薄での連勝はやはりインパクトが大きかったのか、以後明らかに同軍団からの依頼が増加しました。実際結果も出しており、2019年のラフィアン所属馬での騎乗成績は（6－2－4－57）で単複回収率はともにプラス数値。印象的な穴馬での激走もあったことで、今後ますます関係は強固なものになっていくかもしれません。

特徴　追える　芝へダート

そうはいっても現状は安泰とは言えない状況で、2019年以降1番人気馬の騎乗は一度だけ。かつては積極策で活躍しましたが、最近はダートでの差しも増えており、苦境を脱出する足掛かりになるでしょうか…とココまで読んで気づいた方は鋭い。〝かつて先行が武器も最近ダートを中心に差しが増えている〟というのは双子の弟である国分恭介騎手と同じです。これが血筋なのでしょうか。

逃げにせよ差しにせよ、追って追って伸びて来るパターンが得意。前述のマイネルクラースでの穴や、ムーンライトHでのマイネルネーベルでの逃げ切りなどは、スタートから気合をつけての先行策でした。マイネル馬でいえば、丹内騎手や柴田大騎手よりは追えるタイプで、ダートの方が良い。したがって繊細な馬や牝馬は不向きで、2019年以降の勝率はたった1・3%、繊細さよりもパワーが光ります。

太宰啓介

	着度数	勝率	連対率	複勝率	単回値	複回値
2018	22 − 22 − 27 − 393 / 464	4.7	9.5	15.3	115	84
2019	12 − 23 − 18 − 319 / 372	3.2	9.4	14.2	54	80
2020	3 − 3 − 5 − 47 / 58	5.2	10.3	19.0	57	83

現状　安定した成績を継続

太宰騎手といえば筆者は若かりし日のエイシンサンルイスとのコンビが忘れられません。軽快なスピードを武器にいつでも重賞を勝てる能力はあったものの、あの時代はブロードアピールやゴールドティアラなどがいて、その血も涙もない末脚によって太宰騎手の重賞制覇は叶わず、結局そこからさらに10年以上を経た２０１１年のフミノイマージンまで待たされることになりました。それでもデビュー以来20年以上が経ち、50勝以上こそないものの、確実に2ケタ勝利を挙げ、大きなケガもなく乗り続けているのは凄いことです。

特徴　積極的　ダ短距離◎

騎乗スタイルは基本的に逃げ先行がメイン。ベテランの今になっても積極策が光ります。２０２０年の年明けには14番人気のボンセルヴィーソで挑んだ京都金杯でスタートから押して2番手につけ、直線も粘って3着。重賞で久々に存在感を見せてくれました。行くと決めたら絡まれても引かないので、ハマれば残るし、逆にハイペースで差し馬を誘発するケースもある。

例えばミスディレクションとのコンビでは、２０１９年暮れのサンタクロースSで逃げて2着、次走の寿Sでもハナを譲らず逃げましたが、今度はオーバーペースが祟り12番人気の伏兵ウインクルサルーテの激走をアシスト、自身は直線失速し12着に敗れました。この振り幅が馬券的には美味しい。アサケパワーとのコンビでもテン乗りだった西陣Sでは12番人気ながらラジオＮＩＫＫＥＩの実況の方も驚くほどの気合でハナを奪うとそのまま行き切って3着に粘り込み、3連単45万馬券をアシスト。しかし次走の橿原Sでは後続に執拗に絡まれ、それでもなお先手を主張すると完全にオーバーペースとなり、自身は14着と大敗しました。また逃げか追い込みか極端な面もあるので、展開がハマるかハマらないかになるダートの短距離に強く、最終レースに組まれているダート短距離戦でズバッと穴を出すケースも多く見られます。

	着度数	勝率	連対率	複勝率	単回値	複回値
2018	0－0－0－0／0	-	-	-	-	-
2019	12－18－19－317／366	3.3	8.2	13.4	30	57
2020	6－7－4－76／93	6.5	14.0	18.3	84	71

2019年
全国リーディング
73位

吉田豊

現状 ケガから復帰し復調気配

大きなケガがあり2019年3月に1年以上のブランクを経てようやく復帰。以後6月までの4カ月間は僅か1勝と、さすがに落馬事故の影響は大きかったのかもしれません。それでも徐々に調子を取り戻し、2019年は12勝、そして年明け早々の京成杯ではクリスタルブラックに騎乗し見事勝利しました。クリスタルブラックでの騎乗は出遅れて大外をぶん回す大味なものですが、これは馬自体が乗り難しいだけのこと。むしろ難しい馬を極端なレースで勝たせるあたりに、吉田豊騎手らしさを感じさせました。もともと大一番に強く、かつてはマイネルラヴでタイキシャトルを、メジロドーベルでエアグルーヴを倒すなどジャイアントキラーとして名を上げたジョッキー。もうベテランですが、思い切りの良さは健在です。

特徴 差し中心 芝中距離以上◎

騎乗スタイルは基本的に差しが中心。全く逃げないわけではないですが、逃げを打つのは人気馬に騎乗するケースが大半で、無茶なことをするタイプではありません。むしろ脚を溜めて厳しい流れや荒れ馬場に乗じて差して来る勝負強さが持ち味です。前述のクリスタルブラック他、有馬記念後のクリスマスCで最後方からの大外一気で10番人気3着と健闘したショウナンマッシブ、メイSで12番人気で3着に追い込んだショウナンバッハなど、7番人気以下の伏兵で馬券に絡む場合は、大半が差し追い込み。展開待ちでズドンと差すパターンが狙いなのはかつてのイメージ通りで良さそうです。

復帰から約1年、ようやく復調気配がみられる一方で、人気面では依然として地味な印象が強く、今後穴での活躍が増えてきそうな気配です。特に芝の1800m以上や荒れ馬場では吉田豊騎手のギャンブル的な騎乗がハマりやすく、厳しい流れに乗じての差しにも注意。馬券的には今年は買い時とみています。

川島信二

	着度数	勝率	連対率	複勝率	単回値	複回値
2018	8 − 7 − 8 − 188 / 211	3.8	7.1	10.9	29	44
2019	10 − 12 − 6 − 165 / 193	5.2	11.4	14.5	110	77
2020	2 − 1 − 0 − 30 / 33	6.1	9.1	9.1	26	19

現状

沈みそうで沈まない

２０１９年はミエノサクシードとのコンビで大いに沸かせました。京都金杯で11番人気3着、続く阪神牝馬Ｓで9番人気3着、さらに夏の関屋記念でも6番人気2着と重賞で3度の穴。走っても人気にならないのは、いかにもリーディング上位ではない穴ジョッキーという印象。直近5年は10勝前後で推移していますが、沈みそうで沈まないのは水準級の腕がある証拠でしょう。レースぶりを見ていてもよく考えて騎乗するタイプに見えます。

特徴

差し中心

騎乗スタイルは差しが中心。かつてはオースミハルカとのコンビで逃げてターフを沸かせましたが、現状は控える競馬が目立ちます。腕っぷしで追ってくるというよりは、コース取りや相手関係などを把握した上での穴が見られます。

その中でもミエノサクシードと並んで印象深いのが、ハナズレジェンドとのコンビでしょうか。２０１９年の夏の札幌・ＴＶh杯では上手く馬群を捌いて末脚を伸ばし11番人気で2着。さらにその2走後、札幌２６００ｍの丹頂Ｓでは道中最後方付近から4コーナーでも上手く脚を溜め、直線の伸びに繋げました。無茶なマクリや大外ぶん回しをしない分、ラストまで脚が溜まる、この差しこそが川島騎手の真骨頂でしょう。

もっとも、馬券的にはちょっと狙いづらい面もあります。やっぱり騎手は上手い下手よりも、思い切り何かに振り切れていてくれた方が買いやすい。その点川島騎手はとても器用というか、人気馬でもそこそこ安定して走るし、穴も持って来る。正直なところ、馬券的にはあまり良い思い出がないのはそのせいかもしれません。

	着度数	勝率	連対率	複勝率	単回値	複回値
2018	15 − 20 − 21 − 363 / 419	3.6	8.4	13.4	41	59
2019	10 − 6 − 14 − 203 / 233	4.3	6.9	12.9	85	104
2020	1 − 0 − 3 − 21 / 25	4.0	4.0	16.0	24	58

2019年
全国リーディング
83位

森裕太朗

現状 ジリ貧気味も腕は確か

2年目に23勝を挙げたものの、以後はじり貧状態。昨年はとうとう10勝と、かなり厳しい状況に追い込まれています。もっとも、騎手としての腕は間違いなくある。年間10勝クラスのジョッキーの中ではトップクラスではないでしょうか。よく「騎手は良い馬に乗ってナンボ」と言われますが、それはあくまでも騎手の立場。ファンの立場としては良い馬に乗らなくても腕があり穴を持ってきてくれるなら貴重な存在です。森裕太朗騎手はまさにそんな存在で、人気馬に乗ることは少ないものの随所で好騎乗を見せてくれますし、人気馬でも堅実です。

特徴 穴男 知名度＜実力

優秀さを物語るデータを一つご紹介します。2017年以降、単勝ひとケタオッズの馬に騎乗したケースが127回ありますが、その際の複勝率は52・8％、複勝回収率は96％。ピンと来ないかもしれませんが、同期間で100回以上騎乗した騎手の中で、複勝率は12位（ちなみにトップはモレイラ騎手）。ただし障害ジョッキーや短期免許の外国人騎手が多く含まれており、それを除くとルメール、川田、デムーロ騎手に次ぐ4位。複勝回収率に至っては、トップのレーン騎手に次ぐ2位の記録です。平たく言えば、

「森裕太朗騎手がそこそこの人気馬に乗ればとりあえず買い」

ということです。デビュー4年目にして初の重賞騎乗だった中京記念では6番人気のクリノガウディーで2着と好走。決して乗りやすい馬ではないですが、上手くなだめてあと一歩のところまで迫りました。騎乗スタイルはどちらかといえば消極的。差し好きの公言通り、メイプルブラザーやスズカブルグ、クリノサンレオなど代表的なコンビも差し馬です。またダート1800mが得意なのは本人も認めるところで、2017年以降の49勝のうち、18勝がダート1800mでのものです。とにかく腕はある。願わくば、もう少したくさん乗っていただきたいものですが…。

	着度数	勝率	連対率	複勝率	単回値	複回値
2018	7 − 9 − 7 − 269 / 292	2.4	5.5	7.9	36	72
2019	8 − 12 − 17 − 396 / 433	1.8	4.6	8.5	32	42
2020	5 − 2 − 6 − 72 / 85	5.9	8.2	15.3	166	132

山田敬士

現状 20年は年明けから絶好調

山田敬士騎手といえばどうしてもあの話題を避けては通れません。2018年、ペイシャエリートでの距離誤認事件です。2周する新潟ダート2500m戦の1周目で誤ってゴールと勘違いしレースを辞めてしまった。結果、しばらく乗れない期間があり2019年に復帰。ルーキーイヤーをかろうじて上回る8勝を挙げましたが、飛躍には至らず…でしたが、2020年になり年明け早々絶好調。本書集計期間である2開催終了までに5勝を挙げ、早くも過去最高の勝利数が近づいてきています。3年目の今年は飛躍の1年になるのでしょうか？

特徴 荒れ馬場巧者 逃げ馬×

2020年になってからのレースでもっとも印象深いのはシャチで制した小倉の未勝利戦です。この日は6週に渡って行われた開催の最終週。当然馬場は荒れており、各馬が内を空けて立ち回っていました。そんな中、山田騎手が騎乗する5番人気のシャチはスタートこそ遅れたものの3～4コーナーで荒れたインをただ一頭するすると〝インマクリ〟。一気に先頭に躍り出ると、直線もしぶとく伸びて見事に勝利を手にしました。2012年の皐月賞・ゴールドシップのような騎乗ぶりは、なかなかインパクトがありました。思えば前の週、同じ小倉の荒れた芝で行われたレースでもイルルーメに騎乗しロングスパートを決め、7番人気3着と健闘しており、その成功体験があったのかもしれません。昨夏の福島最終週でも、いわき特別のジョブックコメンで7番人気2着、1勝クラスのサウンドオブビットで7番人気3着と好走しており、荒れた馬場での差しは比較的よくハマります。ただ、逆に気掛かりなこともあります。それは逃げ馬での好走率の低さ。やはり若手騎手ですから前に行ってアピールして勝ち星を重ねることも重要だと思いますが、その傾向は薄い。現状は荒れ馬場での一撃差しに期待できますが、山田騎手自身は今のままだと一介の穴ジョッキーの域を出なくなってしまいそうです。

	着度数	勝率	連対率	複勝率	単回値	複回値
2018	8 − 25 − 17 − 313 / 363	2.2	9.1	13.8	13	63
2019	8 − 11 − 12 − 324 / 355	2.3	5.4	8.7	20	45
2020	1 − 0 − 3 − 34 / 38	2.6	2.6	10.5	13	16

小牧太

現状 近2年は8勝止まり

園田競馬から移籍して15年余り、かつて大舞台でも見せた豪快な騎乗もすっかり見る機会は減り、最近は下級条件のダートが稼ぎどころとなっています。２０１７年には36勝と存在感を示していましたが、２０１８、２０１９年は８勝ずつ、やや影が薄くなりつつあります。

特徴 牝馬＜牡馬 芝＜ダート

園田仕込みの豪快な騎乗は良くも悪くも健在で、ＪＲＡに長くいる割には、そこまで染まってないイメージすらあります。基本的に狙いどころはダート。２０１９年以降の成績をご覧頂くと明らかです。

▼芝（0−0−4−122）
▼ダート（9−11−11−236）

なんと芝では連対ゼロ。20度の連対はすべてダートというかなり極端な成績になっています。ちなみに牝馬（０−０−２−１２４）とまったく奮わないのも、やはりかなりパワー系の騎乗なので、芝での決め手比べや、牝馬特有の切れ味を生かす競馬には向かず、パワーのある牡馬を動かすことで能力を引き出すのが得意ということでしょう。４４０キロ未満（０−１−２−68）というのもこれまでの話の流れからすると納得がいくものです。

というわけで、狙いは明白。ひとつはダート、そしてもう一つが外枠です。スタートがイマイチ上手くなく流れに乗り切れないことが多いので、内枠よりは外枠の方がスムーズに走れる。未勝利を勝ち上がったラデツキーとのコンビでも、内枠に入り発馬で後手を踏み何もできずに終わる…といったシーンが見られました。ドルチェリアとのコンビでは比較的安定して走れていますが、５００キロを超える巨漢馬で、早鞆特別では外めから強気に出して行って早めの仕掛けから粘らせるという、実に小牧騎手らしいレースぶりでした。今後もダートで手が合いそうなタイプを狙って行くのがベストです。

岡田祥嗣

	着度数	勝率	連対率	複勝率	単回値	複回値
2018	9 － 6 － 4 － 133 / 152	5.9	9.9	12.5	120	50
2019	7 － 11 － 11 － 137 / 166	4.2	10.8	17.5	78	103
2020	0 － 1 － 0 － 24 / 25	0.0	4.0	4.0	0	6

現状

伏兵での激走で存在感

今は廃止となった福山競馬の元リーディングジョッキーという異色の経歴を持つのが岡田祥嗣騎手。移籍後は年間勝利数こそひとケタが続きますが、タガノアムとのコンビではたびたび穴馬券を出すなど、叩き上げジョッキーらしく伏兵での活躍が目立ちます。また2019年にはアイラブテーラーとデビューから4戦でコンビを組み3勝2着1回の活躍をみせ、その後の出世の下地を作りました。

特徴

内枠＜外枠

豪腕

地方出身騎手とはいえ騎乗スタイルは基本的に差しが中心で、積極策を好むタイプではありません。新馬戦では逃げてスローに持ち込んでの好走がみられますが、多くが初戦からビッシリ仕上げて来る河内厩舎の所属馬に騎乗したケースで、同厩舎はもともと新馬戦に非常に強いことで知られています。それ以外では控えることが多いとみて間違いありません。基本的な狙いは短距離の差し馬。前述したタガノアムの他、キャッチミーアップやアスクハードスパンなど、荒れ馬場や厳しい流れに乗じて最後に差して来る騎乗が持ち味です。

また、控えて外を回す傾向があるため外枠の方が良く、逆に芝の内枠は微妙で、2017年以降、芝の1～2枠では（0－0－0－37）。地方仕込みのパワータイプでもあるので、芝の中長距離も微妙で、同期間で芝の1800m以上では（0－6－3－65）と未勝利です。

芝で狙うならタフな馬場や外が伸びる馬場。2019年8月25日の小倉の未勝利戦ではブラボーフェスタに騎乗、荒れ馬場&外枠という絶好条件で13番人気ながら3着と好走。「ガキ大将だった」（本人談）からではないでしょうが、腕っぷしが強く、大型馬とは手が合います。基本的には人気薄の馬に騎乗するケースが多いので、穴のパターンを覚えておくと美味しい馬券にありつけるでしょう。

高倉稜

	着度数	勝率	連対率	複勝率	単回値	複回値
2018	13 − 8 − 15 − 330 / 366	3.6	5.7	9.8	39	64
2019	7 − 8 − 9 − 232 / 256	2.7	5.9	9.4	42	35
2020	0 − 0 − 2 − 43 / 45	0.0	0.0	4.4	0	26

現状

勝ち星は減少傾向

高倉騎手というとまだ20代なのに、どことなくベテラン騎手のようなイメージがあります。それは恐らく差しに回ることが多いレースぶりからでしょうか。ノーブルマーズとはデビューから38戦目まで一度たりとも乗り変わることはなく、現代競馬では珍しい名コンビといった印象で、そこから来るイメージもあるかもしれません。デビュー当初はフラガラッハで中京記念を連覇、またキョウヘイとのコンビでも印象的な活躍をみせています。

特徴

差し中心

荒れ馬場◎

代表馬でのレースぶりを見てもわかる通り、基本的なスタイルは差し。乗り馬の質の問題もありますが、好走パターンもほとんどが差しで、２０１９年以降逃げたのは10回だけで馬券絡みはゼロ。いかに末脚を伸ばす競馬を好むとはいえ、やはり逃げ先行で結果を出せていないのが、年間ひとケタ勝利にまで成績が落ち込んでしまった原因かもしれません。したがって馬券的な狙いどころも、差し馬がハマるかどうかを判断するのが大事になります。開催後半の荒れ馬場やハイペースなど、いわゆる特殊な条件下で最後に突っ込んで来るのが高倉騎手の好走パターン。２０１９年のリゲルＳではキョウヘイとのコンビで1年ぶりに穴をあけましたが、やはり道中最後方からズドンと差して来るいつものパターンでした。十日町特別を制したハーフバックも最後方付近からズドンです。

個人的な思い出でいえば２０１８年のＣＢＣ賞で騎乗したナガラフラワーの差し脚も忘れられません。早仕掛けをすると伸びなくなる同馬とのコンビでも、キッチリ脚を溜める高倉スタイルで直線鋭く伸びて来てくれました。ノーブルマーズとのコンビでも２０１９年の小倉記念では儲けさせてもらいましたし、実は見た目の成績より筆者の印象は良い。ただ、あまりに買いどころや活躍どころがニッチ過ぎるのは考えものです。というわけで、高倉騎手を買うときはまず条件をキッチリ確認する必要があります。

	着度数	勝率	連対率	複勝率	単回値	複回値
2018	1 − 4 − 4 − 103 / 112	0.9	4.5	8.0	80	65
2019	4 − 3 − 8 − 103 / 118	3.4	5.9	12.7	103	107
2020	1 − 2 − 2 − 21 / 26	3.8	11.5	19.2	52	216

原田和真

現状　平地重賞でも活躍

原田騎手といえばまず浮かぶのが、プリンスリターンとのコンビでしょう。管理する加用厩舎とはもともと縁があったわけではなかったようです。ただ松岡騎手の取り計らいで調教に騎乗することになった。クセ馬ということで歯を削る、馬具を変えるなどの工夫をしつつ調教を積み重ねて行き、レースでも乗れることが決まったようです。それでも不安だった原田騎手は、松岡騎手に状況を報告する際に、「走ります」と言ったら取られる可能性があると思い、「競馬行ってみないと分かりませんね」「まだ子供ですね」などとごまかしたとのことで、なかなかチャンスが巡って来ないマイナージョッキーの懸命さが伝わってくるエピソードです。

特徴　連続穴

その後のプリンスリターンでの活躍は周知の通り。クセ馬とは思えないほど器用なレースぶりで、新馬勝ちの後の函館2歳Sでは11番人気3着、さらに1走挟みききょうSでは4番人気1着。朝日杯FSで5着と健闘した後、シンザン記念では渾身の競馬で5番人気ながら再び2着に好走。最後はルメール騎手の血も涙もない差しが決まってしまいましたが、原田騎手の存在を強く示すレースぶりでした。とにかくマイナー騎手は走っても走っても人気にならないので、そういうコンビを狙うことが重要です。バルドダンサーとのコンビでも未勝利戦で7番人気3着の次走も7番人気と低評価で再び3着、ようやく1番人気に支持されますが、そこでも3着。障害レースに目を向けても、ロードショーとのコンビでは11番人気3着→5番人気1着→8番人気7着→10番人気3着と4度の騎乗で3度の穴をあけています。騎乗ぶりを推し量るほどの騎乗機会がない現状ですが、少なくともマイナージョッキーは人気がない時に狙うのが基本です。プリンスリターンとのコンビでも連続好走で印が回りだしたら一旦軽視、また凡走で人気が落ちたら買う、という良き天邪鬼でいたいものです。

的場勇人

2019年
全国リーディング
129位

	着度数	勝率	連対率	複勝率	単回値	複回値
2018	1 − 3 − 6 − 128 / 138	0.7	2.9	7.2	6	67
2019	2 − 4 − 7 − 67 / 80	2.5	7.5	16.3	8	107
2020	0 − 0 − 0 − 20 / 20	0.0	0.0	0.0	0	0

現状 減量特典消滅後は苦戦が続く

父は現在調教師、名ジョッキーとしても知られる的場均師。そんな背景もあり、デビュー当初は割と勝てていました。しかし、減量特典がなくなったあたりから一気に失速、あとは絵に描いたように勝ち星を減らし、とうとう2018年には1勝、2019年もペイシャドリームでの2勝のみと落ち込んでいます。

特徴 人気馬×

騎手を見ていて思うのは、人気になりづらいマイナー騎手の穴激走というのは2パターンあるということ。ひとつは、「上手いのに気づかれていない」というケース。例えば丸田騎手が該当します。技術は優れているが、乗り馬が集まらないために知名度も上がらず人気にならない。結果として、馬質は微妙でもその腕ひとつで穴を持って来れるわけです。

そしてもうひとつは「ミスが多く人気が落ちているケース。腕があるわけではなく、むしろ腕が微妙だからこそ力があっても馬の成績が上がらず、それで人気が落ちた時にたまに穴をあける…いわばマッチポンプのようなものです。なぜこんなことを書いたかというと、主戦を務めるペイシャドリームのことです。この馬、実は能力が高く、2019年秋の飛翔特別では本命に推奨、勝負レースとして配信し大いに期待していました。的場騎手にとっては特別勝ちのチャンスでしたが、騎乗はお粗末そのもの。スタートを決めて抜群の行きっぷりを見せたものの、直線レースにも関わらずそこから引っ張り通しで折り合いに専念、引っ張るうちに包まれて行き場を失い、明らかに脚を余しての3着でした。その後同馬とのコンビでは安定して走り穴もあけましたが、これは馬が強いのに騎手がヘグって成績が落ちているため。本来であればそもそも人気が落ちるような馬ではないわけです。

その他を見ても人気馬での信頼度は低く、父の厩舎所属馬でも結果は出ていません。現状のままだと今後も苦戦が続きそうです。

第3章 その他の騎手たちの取扱説明書

意外な〝一芸〟を持つ騎手たち。田中健騎手はダ1200mで

さて、ここからは取り上げてこなかった騎手たちについても触れていきましょう。普段あまり買う機会のない騎手でも意外な〝一芸〟があったりするものです。特徴を一つでも掴んでおくと、必ずどこかで役に立つことがある。それが例え年に一度だとしても、その一度の機会に買えるか、消してしまうか、その選択で10万20万の馬券を獲れるか獲れないかの運命を決めるなんてことは競馬なら日常茶飯事です。

というわけで、まずは取り上げていない中から注目の騎手たちに触れていきます。まずは**田中健騎手**。田中健騎手は強気の逃げ先行策が武器のジョッキー。過去の重賞3勝はいずれも芝短距離での逃げ先行策で、アンバルブライベンとのコンビではたびたび穴をあけました。基本的なイメージはその時のまま。行くと決めたら譲らないところがあり、その積極的な姿勢が特に平坦短距離でハマるときがあります。ケイアイサクソニーとのコンビで挑んだ周防灘特別ではスタートから決め打ちしたように逃げて2着粘り込み。このパターンには今後も注意でしょう。なお、特注はダートの1200m。2019年以降（5－6－2－13）と複勝率50％は驚異的です。

続いて**藤懸貴志騎手**。長野県の田舎で競馬とは無縁の家系で育ったという同騎手は決め打ちが武器。逃げなら逃げ、追い込みなら追い込みという切り替えがハマると穴になります。2020年の日経新春杯ではエーティーラッセンで逃げを打ち3着に粘り込み、久々に重賞での好走を果たしました。クインズヌーサとのコンビでも積極策で結果を出しています。一方でエクスパートランとは全3勝を挙げる相性の良さを誇りますが、すべてマクリ&追い込みで、初勝利はマクリ、2～3勝目は出遅れて後方待機に切り替えて追い込みました。夏の小倉の荒れ馬場でのトウケイココノエの外差しの一撃も印象深い。

最近はナムラミラクルやケイアイターコイズのコンビもお馴染みですが、正攻法だとやや物足りない面もあり、そこら辺が人気で勝ち切れない競馬が続く一因かもしれません。1～2番人気（1－2－3－11）は信頼度という点では物足りないので、思い切って乗れる立場の穴で狙いたいジョッキーです。

宮崎北斗騎手はTwitterやYouTuberとしてもお馴染みとなりましたが、本業でも昨年はトイガーとのコンビでレパードS3着と健闘。直線は狭いインを割って来て伸びてきました。同じくダートのイン突きを見せたのはメイプルブラザーで挑んだブラジルカップ。こちらも道中は上手く溜めて直線は内へ突っ込み7番人気で2着。強引なタイプではなく道中のリズム重視で、2019年以降特別レースでは7回馬券に絡んでいますが、すべて1800m以上というのは押さえておきたいポイントです。

杉原誠人騎手は爽やかなルックスが印象的で、騎乗ぶりもどちらかといえば泥臭さよりはスマートさが目立つタイプ。ダートより芝の方が圧倒的に成績が良く、基本的には馬に優しいソフト系のジョッキーです。したがって位置取りは後方に寄りがちですが、スピードのある馬に乗ると馬に負荷をかけないので粘らせるのは上手です。アイビスサマーダッシュ3着などがあるレジーナフォルテはまさにそのイメージ通りで、杉原騎手とは手が合っています。ダート馬ですがアシャカリブラとのコンビにも注目。強烈な決め手を秘めており、コンビ継続なら今後もダートの穴馬として期待できそう。人気馬での取りこぼしは多めですが、買う馬を選べば十分狙いどころはあるので、決め手のある馬やスピードのある馬を重視、軽ハンデも相性が良く、逆にズブい馬やタフなダートはあまり合いません。

続いて**岩崎翼騎手**。もともとは積極性もあり割と乗れる若手騎手のイメージもあったのですが、気づけば勝利数は減少。28→10→5勝と直近3年で一気に勝ち星を減らしてしまっています。2019年は個人的にシゲルミズガメザで勝負した小倉2歳Sに注目していましたが、スムーズに追走できず馬場の悪い内に閉じ込められ何もできず万事休す。ゲートの出が良くてもそこからの加速がスムーズでないケースが散見され、それが人気馬での取りこぼしの多さにもつながっている気がします。テイエムクロムシャも人気で勝てず、和田騎手に乗り替わるとスムーズに好位から抜け出し勝利したように、現状は信頼度イマイチな状況が続いています。

小崎綾也騎手はいつも海外にいるイメージがありますね（笑）。現在はニュージーランドへ武者修行中。個人的にはアスターペガサスが勝った函館2歳Sで結構買っていたのでイメージは良いのですが、当時もむしろ騎乗自体は危ういもので、馬の力に助けられた感がありました。割と積極性はあるのですが人気馬での信頼度も高くなく、短距離戦で積極策を武器に来るパターンが多め。2017年以降の46勝のうち23勝までが1200mです。

注目の若手たち。変化の兆しが見える亀田温心騎手

続いて注目の若手騎手を見て行きましょう。

加藤祥太騎手は1～2年目はともに30勝超え。個人的にもブレイズガールという怖がりなクセ馬を上手くコントロールしていた印象が強く、同馬が勝った2016年の桑名特別では馬券も獲らせてもらって割と良い印象がありますす。第一印象がそうだっただけに、ここ数年の低迷は意外。

気づけば2019年は9勝ととうとうひとケタになってしまいました。もっとも、レースぶりを見ているとインの意識もあり馬群も捌けるので下手ではないはずなんです。その証拠に単勝オッズひとケタならば複勝率50％超で単複の回収率もプラス。人気馬をキッチリ持って来れるのは好印象ですし、キタサンチャンドラでは、逃げて失速した次走で逃げられないとみるや控えて差す味のある競馬で勝利。馬券的には割と信頼度は高いですし、もっとやれて良いはずなんですが…。

富田暁騎手は、現在オーストラリアに武者修行中。高校までサッカーをやっていたようなのですが、確かにサッカーやっていそうなイケメンです。四位洋文騎手が目標というだけあってフォームが綺麗でなかなか追えるジョッキーというイメージ。テイエムジョウネツでインを捌いて3着に来た甲南Sや、10番人気のメイケイダイハードで3着に突っ込んで来た芦屋川特別などは追える長所が生きた印象です。荒れ馬場も問題なく、ダートも◎。ズブい馬を動かすこともできそうなので、伸びシロは大きいとみています。

城戸義政騎手は普通高校に1年通ってから競馬学校に入学。2019年は5勝とデビュー以来初のひとケタ勝利になってしまいました。かなり癖のあるダートの追い込み馬、アッシェンプッテルとのコンビが印象的ですが、これは馬の能力が高い。むしろ城戸騎手らしい良さが出

たのは石清水Sのアンリミット。スタートからスッと好位につけて抜け出し8番人気で3着。スタートは上手でソツのない競馬ができるのは強みで、積極性もあるのでとにかく前に行ける馬や短距離が狙いどころです。逆に中長距離は信頼度が落ちる印象で、1900m以上では2017年以降わずか1勝です。

亀田温心騎手にも注目。まだ2年目なのでもちろん減量を生かした逃げ先行が中心なのですが、2020年になり徐々に変化の兆しがみられます。余裕もできたのか差しでの活躍が目立つ。印象的なのはワイドレッジャドロでの未勝利勝ち。結果だけ見ればただ2番人気馬でキッチリ勝っただけなのですが、出遅れて後方からの競馬となったにもかかわらず落ち着いて馬群で脚を溜め、外に出さずに差して来たあたりに度胸を感じました。タガノプレトリアでもキッチリ追って最後まで脚を使えており、馬券的なことを言えばむしろ今後は差し馬での活躍に期待しています。割と腕っぷしも強そうなので、どちらかといえばダートで狙いたいですね。

小林凌大騎手は2019年の暮れにようやく待望の1勝を挙げました。現状は短距離が中心ですがポツポツと減量を生かしての穴も見られ、スターオブフォースとのコンビでは小倉芝1200mで4戦連続で馬券に絡む活躍を見せました。ローカルの芝1200mの荒れ馬場でズバッと差して来る穴が今後ありそうな気がします。

フェブラリーSの衝撃が記憶に新しい長岡禎仁騎手

関東ではもうベテランの域に入ってきた**武士沢友治騎手**も取り上げなくてはならないでしょう。近年はマルターズアポジーとのコンビが有名です。ただし、そのイメージで見ると少々実態を見誤るかも…？　というのも、もともとは超消極的な差しジョッキーでほとんど逃げることはない。マルターズアポジーはスピードがあったので自動的に逃げになっていたものの、他の馬では大半が差し追い込みです。フーズサイドとのコンビで見られるようなダートでの差しが得意。基本的に展開待ちなのでアテにはなりませんが…。なお消極的なので人気馬だと差し損ねが多く、2017年以降1〜2番人気で（4−12−7−13）。好走率は高いですが勝ち切れません。狙いはとにかく人気薄のダートでの差し追い込みです。

続いて**嘉藤貴行騎手**。「ミルファームの騎手」というイメージかもしれませんが、実際に騎乗数は今でも多く1割強が馬主・ミルファームの馬。ただ意外なことに2017年以降1勝もしていない。94回も騎乗しているのに…です。人気馬の騎乗は少ないとはいっても5番人気以内でも（0－1－0－8）とこのコンビの信頼度は高くないです。基本的に控える競馬が多く積極的なタイプではないので取りこぼしも多めです。シュブリームとのコンビでも差し損ねが続き、M・デムーロ騎手に乗り替わったらあっさりと逃げ切って1勝クラスを突破。人気馬での信頼度も高くないので、基本的には疑う方が良さそうです。

畑端省吾騎手は2018年の0勝から4勝と巻き返しました。ヒストリーメイカーとのコンビでは東海Sにも出走しましたが、見せ場までは作れず6着。藤岡佑騎手が騎乗した摩耶Sでは鮮やかに差し切りを決め、さらに本書締め切り間際の仁川Sでも藤岡佑騎手が騎乗し完勝。馬の伸び方が違うなというのが率直な感想で、やっぱり乗り馬の質だけではない、上位騎手との差を感じた瞬間でした。それでも人気にはならないので妙味はある。当面はサンマルベストとのコンビに注目。好走で人気が上がったら軽視、すぐに人気が落ちるのでそうしたら買う、という呼吸が大事ですね。

長岡禎仁騎手は最低人気のケイティブレイブで大仕事を成し遂げたフェブラリーSがとにかく衝撃でした。やはり大舞台ほどマイナー騎手は人気にならない。ちなみに大型馬との相性は割と良く、2017年以降単複回収率はプラス。もちろんケイティブレイブの一撃が効いてはいますが、それを抜きにしても水準より良い数字です。コンビで2勝を挙げているワンダーエカルテで勝利した未勝利戦でも、ケイティブレイブと同じように豪快な差しを決めていました。今思えばケイティとも手が合っていたのかもしれません。買えなかった身からすると後の祭りですが…。

竹之下智昭騎手は2019年のダービーにヴィントとのコンビで出走。ダービーはもちろん初出走、GI自体が15年ぶり2度目の出走とあって、結果は14着と振るわなかったものの今はあまり見かけなくなったマイナー騎手の大舞台出走が話題を呼びました。基本的にネーム

20年フェブラリーSで16番人気2着し、大波乱を演出したケイティブレイブ。長岡禎仁騎手は、これが初めてのGIレースへの騎乗だった。

ヴァリューはないだけに近走好走をしていても人気にならないのが最大の魅力で、そこが狙いどころ。ヴィントとのコンビでも5戦連続馬券圏内入りを果たしましたが、その間の人気は8、4、2、1、3番人気。2020年に入りエスケーアタランタとのコンビでも9番人気2着→6番人気3着と連続で穴を出しています。スローと見れば積極的に位置を取りに行くガッツもあるので、穴馬での連続好走が見られそうです。

柴田未崎騎手は柴田大知の双子の弟。2011年に引退したものの2013年に騎手復帰を果たしました。もっとも、その後も鳴かず飛ばずで特に目立った活躍はありません。2019年、テイエムファイターで臨んだ未勝利戦では位置取り争いの中で終始ドタバタしてスタミナをロス、直線伸びを欠きました。次走浜中騎手に乗り替わり2番手からサッと抜けだして勝利。こういう普通の競馬をできるかどうか自体が上手い騎手と下手な騎手の違いなのだなと感じさせられました。人気にもならないですが、7番人気以下の馬でも2018年11月以降は馬券圏内がありません。

コア層に人気だった大庭和弥騎手の現在地

あとはやはり**大庭和弥騎手**を取り上げないわけにはいきません。大庭騎手といえばかつて「買えば儲かる騎手」として一部のコアなファンの中では大変な人気を集めたジョッキーです。ラーメンを淡々と紹介するブログも独特の世界観を醸し出しています。ただ、2019年はついに未勝利。もはやこれも抗えない時代の流れなのか…と思われましたが、2020年にクリアミッションとのコンビで待望の勝利を挙げました。基本的な戦略は溜めてのイン突き。積極性に欠けるので展開待ちの面はありますが、ハマればドカンと差してきます。人気薄でこそのイチかバチかですが、ハマれば大きい。ただパッと見の印象でガッツがなく見えてしまうので、そこが現在の低迷の理由な気がします。現状はヨシオドライヴとのコンビで未勝利を勝ち上がれるか、あるいは勝ち上がる前に乗り替わりになってしまうかが2020年の見どころ。

余談になりますが、大庭騎手の場合は確かに腕はあったと思います。ただ強い馬での乗り方というのをもっと磨けていればさらに浮上できていた気がします。古い話ですが2011年のフラワーCにライブインベガスという馬で挑んだことがあります。結果は12番人気で5着。字面だけなら悪くはなかった。ただ、終始最後方付近で直線はインを突く…というパターンで、少なくとも馬券内を期待できるような内容ではありませんでした。馬の能力を考えればできる限りのことをして上手く馬の力を絞り出したのは間違いないのですが、やはりガッツのようなもの、勝ちに行く姿勢がわかりやすく感じられないのは損な気がするわけです。川田騎手は関係者へのアピールもあって、派手に追っていた時期があったとインタビューで語っていたことがあります。弱い馬を少しでも上に持って来るスタイルは大事ですが、さらに上を目指すにはそれだけでは足りない。大庭騎手のことは個人的にファンでもあるので、馬券を買う側としてもいろいろ考えさせられます。

大穴ジョッキーとして心に留めたい三津谷隼人騎手

続いて直近5年は5、5、6、5勝と安定している**岩部純二騎手**。同騎手といえばかつて新潟2歳Sでオーバースペックに本命を打って儲けさせてもらったことがあります。いわば剛腕の対極に位置するタイプで、素軽い馬や牝馬などを上手く走らせる印象で、近年の活躍馬もエースロッカーやエンゲージリングなどスッと好位に行けるタイプが多くいます。それは欠点でもあって、正直なところ追えない騎手というイメージです。2017年以降、500キロ以上に乗るとほぼ壊滅です。

▼500キロ以上（1-0-0-65）

木幡初也騎手は木幡3兄弟の長男です。2017年に22勝を挙げたものの、その後は5、4勝。減量の消失もありますが、何より若くてもっと乗れる騎手がたくさん出て来ていることが最大要因でしょう。このクラスの騎手はやはりウリがないと厳しく、馬券的にも買いづらいです。とりあえず一生懸命追ってはくれるので、追って追って伸びて来る短距離馬で走るパターンが多いですが、逆にそれ以外だと信頼度は低い。プレジールドビブルとのコンビは悪くないので、ローカルのダート短距離で忘れた頃に一発があるかもしれません。

荻野琢真騎手はかつてテイエムプリキュアで日経新春杯制覇、ゴールデンハインドとのコンビでも長丁場で逃げて一撃のイメージがありますが、最近はむしろ差しで注意。大和Sでは11番人気テーオーヘリオスに騎乗し直線外から伸びて3着と健闘。マコトジェムチュク、デルマキセキなど、短距離の差しでの穴も複数見られます。基本的には内を突くよりも外を回すので、芝の場合は開催後半や荒れ馬場、外枠で注意。

三津谷隼人騎手はデビュー以来年間ひとケタ勝利が続き、ついに減量特典も消失。常識的に考えれば今後も苦戦でしょう。ただ、希望はあります。というのもレースぶりも活躍馬も減量をまったく活かせていなかった気がするためです。短距離での先行というようなスタイルでの好走が少なく、むしろローカルや荒れ馬場の中長距離で追って追って伸びて来る…というパターンが多く、

2019年の大穴イルマタルもそうでした。したがって、芝の中長距離では今後も穴がありそうです。人気にならないので大穴ジョッキーとして頭の片隅に入れておきたいですね。

続いて短距離での活躍が中心の**嶋田純次騎手**。サラドリームとのコンビでは直線競馬で3勝、他にはジュニパーベリーとのコンビでも直線で勝ち上がり、その後1200mで再三穴をあけています。騎乗スタイルは馬に負荷を掛けない差しが得意。直線での勝利もガツガツ先手を取るというよりは上手く脚を溜めてラストに伸びて来る。ただ強引さがないためか、2017年以降1200mで（0－12－8－176）と勝ち切れてはいません。ローカルや荒れ馬場の1200mで狙いです。

伊藤工真騎手は三浦騎手と同期ですが、最近は騎乗機会が少なくなり障害レースにも活路を見出しています。ただ、実は人気馬では堅実で5番人気以内なら全部買っても儲かるくらいです。騎乗はいわゆる〝ソフト系〟。力強さとは対極で、牝馬や小柄な馬との相性が良いです。2017年以降の22連対のうち、21連対までが480キロ未満の馬です。

井上敏樹騎手は2019年3月に減量特典がなくなり、騎乗馬がめっきり減ってしまいました。もともと積極性を売りにしていた騎手だけに、やはり減量がなくなると一気に落ち込んでいくパターンです。若い騎手を見ていると減量後に落ち込むか、あるいは維持できるかは減量時代に〝その後〟を考えて差す競馬で結果を出すことができるかどうかが大きいのだなとつくづく感じます。今後は別のスタイルを磨いて再浮上できるでしょうか。

水口優也騎手は直近2年こそ2～3勝ですが、かつてはセカンドテーブルとのコンビでたびたび穴をあけていました。そのセカンドテーブルでのレースぶりのイメージ通り、持ち場は短距離戦。スタートを決めてどれだけ粘れるか、上手く立ち回れるか…というスタイルです。なお騎乗馬の半数近くがセカンドテーブルも所有していた山上オーナーの所有馬と、かなり偏っています。

菅原隆一騎手は元子役というだけあって端正な顔立ち。ちなみにすが〝わ〟らではなく、「すがはら」と読みます。キャリアハイは2017年の5勝で、昨年は1勝のみ。リュウノユキナに騎乗した北陸Sではキッチリ2着に持ってきましたが、やはりもう少し騎乗数が増えないと何とも…というのが正直なところ。

服部寿樹騎手はデビューから2年経ちますが合計3勝と現状苦戦が続いています。印象に残っているのは2019年11月30日、阪神8レースでのパレニアでの騎乗でしょうか。ただし、悪い意味です。パレニアは前走で鋭い末脚を使い1勝クラス勝ち。溜めれば脚を使えるしダート馬ながら馬群もOKというタイプで、割と素質はある。ただ行きたがる面があるので初のダート1800mとなったこの日はその点が気掛かりだったのですが…。レースではスタートから少し気合いをつけてしまい位置を取りに行きます。これだと全く持ち味が生きないのは仕方ない。案の定直線は失速で4番人気ながら12着と大敗でした。そして次走は藤岡佑騎手に乗り替わり。スタートから出たなりで何もせずじっくり馬群で溜めると、直線は末脚を生かし鮮やかな差し切り勝ちでした。腕の違いはあるし、どんな騎手でもミスはありますが、チャンスが多くない立場だからこそ最大の準備をして臨む必要があると思うのですが、パレニアに騎乗した服部騎手からは正直それが感じられなかったのです。もっともまだ3年目、これから変わってくる可能性もあります。

伴啓太騎手はジャンプレースが中心になりつつあります。平地で今の馬質だとどちらかと言えば溜めて運んでハマるかどうかというタイプです。

西村太一騎手は人気を裏切ることが多く、現状は苦戦。

村田一誠騎手は昨年未勝利。騎乗機会も少なく、現役騎手としての活動は開店休業に近い状況になっています。

大塚海渡騎手は2020年、大きな落馬事故の原因をつくってしまい、自身も大怪我をしてしまいました。現状は人気馬でも勝ち切れずまだ技術向上が必要といった印象でしたが、まずは無事に復帰できることを願うのみです。

最速版！ 20年デビュー組の未来予想図

ここからは2020年デビューの新人騎手について少しだけ触れておきましょう。今年デビューするのは東西で4人。デビュー週には早速**泉谷楓真騎手**が初勝利を挙げると、4週目終了時点で4人中3人が勝ち星を挙げる

2020年にデビューした新人は、秋山稔樹騎手、小林脩斗騎手、原優介騎手、泉谷楓真騎手。写真はジョッキー紹介の時のもの。

活躍を見せています。

まずは泉谷騎手から。競馬学校時代に優秀な成績を残した騎手に贈られるアイルランド大使特別賞を受賞し、模擬レースでも好成績、本田厩舎所属ということで今年一番の注目株かもしれません。

そして初勝利も所属馬の6番人気メイショウヒバリ。内枠から発馬こそイマイチだったもののそこから積極的にハナを奪うと、直線も粘り込んで同着で勝利、自厩舎所属馬では初騎乗初勝利となりました。さらに3週目の土曜にはクリノビッグサージで2勝目を挙げると、本田厩舎の7番人気コンボルブルスで3勝目、翌日も同厩舎のツーエムアロンソで特別初勝利となる4勝目と、これ以上ないスタートを切っています。逃げ切りあり、差し切りあり、長距離での勝利ありと内容も文句なく、ルーキーイヤーに91勝を挙げた三浦騎手ですら3月は4勝だったことから、早くもその勝ち星に並んだことになります。今後、減量を生かせるローカルの短距離戦では俄然注目でしょう。関西で唯一の新人騎手という意味でチャンスも大きいでしょうし、果たしてどこまで勝ち星を伸ばすでしょうか。

関東で最初に勝利を挙げたのは**秋山稔樹騎手**。2度目の騎乗となったラブエスポーで外から好位につけると、直線は楽々と抜け出しました。中山競馬場は家から近いとのことで、今後もご当地での活躍に注目です。現状はまだわかりませんが、武豊騎手が目標ということで、割と当たりの柔らかいタイプに見えます。

そして3人目が4週目に初勝利を挙げた**小林脩斗騎手**。父は小林久晃元騎手で、中山ダート1200mで好位から抜け出すセオリー通りの競馬でした。所属厩舎以外からも幅広く騎乗依頼が舞い込んでいるようなので、今後結果を出せばチャンスが広がりそうです。

そして、最後が**原優介騎手**。実はレースぶりを見て、個人的に良いなと思えるのがこのジョッキーです。まだ未勝利ではありますが、エナミルクに騎乗した未勝利戦で直線ビッシリ追ってくるレースぶりには見所がありました。もともと中学までは水泳をやっていたとのことで、身体能力の高さを感じます。勝ち星に関しては乗り馬の質次第の面もありますが、穴ジョッキーとしても期待できそうな気がします。調布出身ということで、勝ちたいレースは調布特別というのも渋くて良いですね(笑)。

なお、若い騎手は最初の3年くらいまでは減量を活かした積極策である程度結果を出せますが、その後伸びるかどうかは差す競馬で結果を出せるかも大事になります。そういう視点で騎手を見て行くと、減量がなくなっても伸びるタイプかどうかの判別もつくようになるかもしれません。まだ未知の部分が大きいだけに、特徴を掴めば馬券にも繋がるので、いち早く買いどころを見つけるつもりで、レースぶりをチェックしてみると面白いと思います。

大衆が敬遠するからこそ知っておきたい障害戦の騎手たち

さて、ここまでかなり多くの騎手を取り上げて参りましたが、まだまだいますよ。本書ではすべての騎手を余すことなく取り上げますので、ここからは障害騎手について触れて行きます。障害戦というともしかすると敬遠する方も多いかもしれません。落馬のリスクは平地以上に大きく、お金を賭けるべきレースではないという声も聞きます。

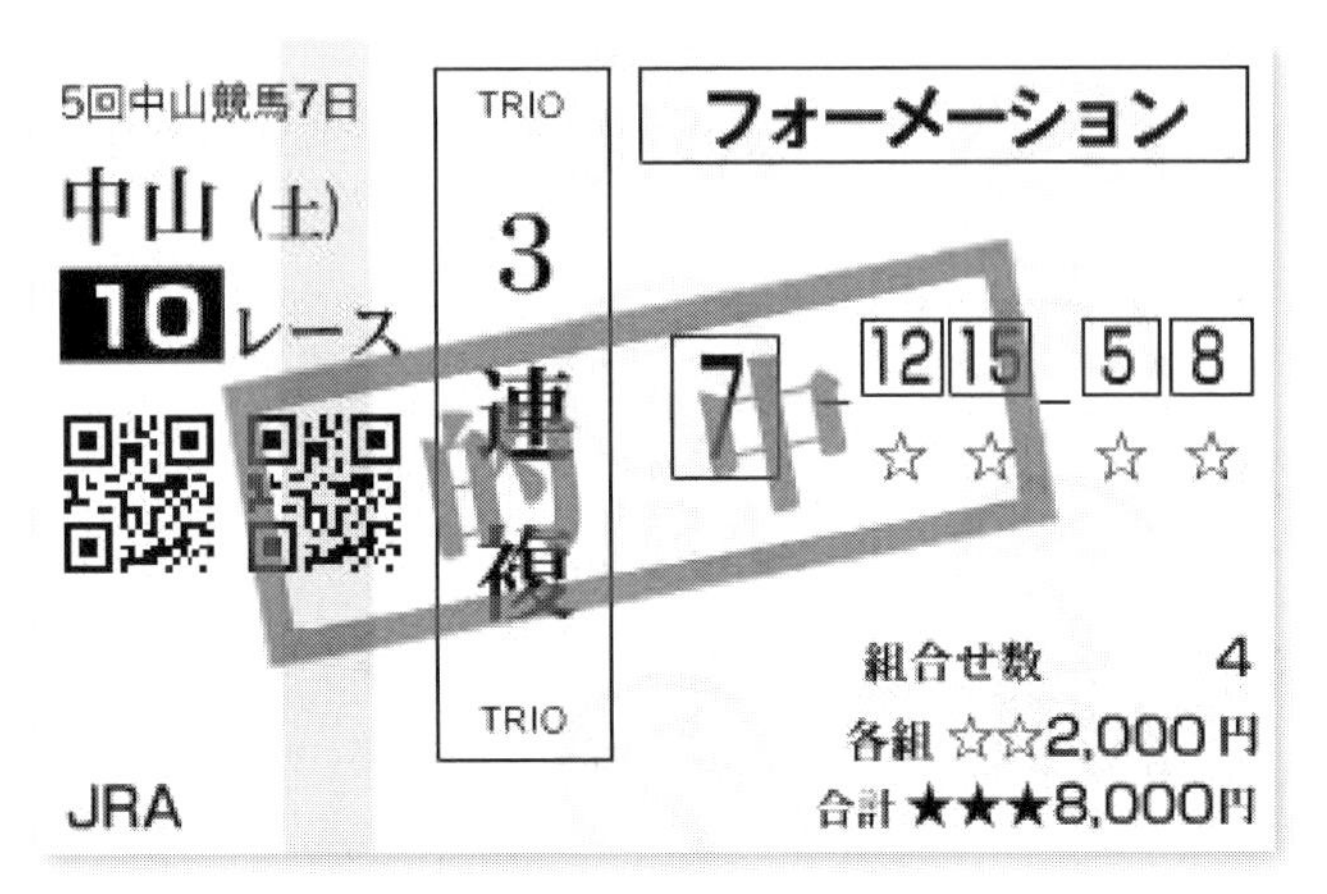

ライバルが敬遠しているからこそ、障害レースをしっかり研究するアドバンテージは大きい。馬券は19年中山大障害。TARO氏は、この馬券を含め、3連複85.3倍を3400円、3連単550.2倍を600円的中させている。

しかし、大衆が敬遠するところにこそチャンスがあるのがギャンブルです。障害は皆が敬遠する、よくわからないと思うからこそ、もしその中でひとつふたつでもわかることがあれば、一人勝ちできるかもしれません。筆者も実は障害レースが大好きで、馬券で勝負することも珍しくありません。例えば昨年末の中山大障害では、◎シングンマイケルから私が配信する競馬ノートの中でも勝負度【B】というかなり高い自信度で馬券を買いました。鞍上の**金子光希騎手**は20年近いキャリアの中で一度も年間2ケタ勝利を記録したことがない、いわば〝無名ジョッキー〟でしたが、過去のレースぶりを見返しても不安はないと考えたわけです。

長距離は騎手と言われます。考えてみれば、障害戦はその中でいえば長距離レースの最たるものでしょう。これだけ長い距離ならば騎手の判断力や腕の差は平地以上に大きく出てもおかしくない。障害レースはよくわからないから避けるという判断をすることもできましたが、本書ではとにかくすべてのJRAジョッキーを取り上げたいので、ここではカンタンではありますが、現状の障

オジュウチョウサンとのコンビですっかり有名となった石神深一騎手。複雑な中山コースで、より一層、その手綱捌きが冴え渡っている。

害界を彩る騎手たちの狙いどころなどをお伝えできればと思います。

新潟で圧倒的な成績を残す平沢健治騎手

昨年の障害リーディングを獲得した**森一馬騎手**は個別に取り上げたので、19年ぶりに2ケタ勝利となる13勝を挙げて2位の**白浜雄造騎手**から行きましょう。白浜騎手は昨年後半から絶好調。11月に2勝、12月に3勝を挙げ、さらに年明けからここまで（1―2―3―1）と高確率で馬券に絡んでいます。武器は積極的な競馬。掛かるくらいなら行かせて折り合わせるスタイルで穴でもよく馬券に絡んでいます。注目はディライトフルとのコンビ。掛かる気性で大障害コースになるとスタミナを問われるので厳しいかもしれませんが、能力は高い。J・GⅡやGⅢならまだまだ勝てる馬です。

10勝を挙げて3位の**石神深一騎手**は、もはやオジュウチョウサンとのコンビは説明不要なほど有名になりました。ちなみに石神騎手自身「難しい」と語るバンケットや右回り左回りなど複雑な中山コースは得意。オジュウチョウサンだけで稼いでいるわけではなく、同馬抜きでも2017年以降の中山リーディングに輝く好成績を残しています。

同じく10勝の**平沢健治騎手**は、石神騎手と同期。既に平地騎手免許は返上しており、障害一本で勝負しています。とにかく新潟で圧倒的な強さを誇り、2017年以降16勝。新潟はすべて竹柵障害でシンプルな構造なので、平沢騎手のスムーズな立ち回りが生きるのかもしれません。単勝をずっと買い続けても毎年楽々プラスになるレベルで、約2回に1回は馬券に絡んでいます。また、「前で競馬をするのが好き」と自身でも語っている通り、基本的にはある程度の位置で運ぶことが多いのも特徴です。やはり障害は落馬のリスクもあるだけに、良いポジションに収まるのはそれだけで有利になる。なお、メイショウの馬とのコンビでも活躍していましたが、最近その立場を森一馬騎手が得ている印象です。

以上4人が2019年は2ケタ勝利。障害全127レースのうち、4人で48勝と4割近い勝利を挙げており、実は意外と偏っています。つまり、上位騎手だけでも覚えておくと、大いに予想の助けになるはずです。

障害レースはもちろん、平地でも侮れない高田潤騎手

続いて、昨年8勝の**五十嵐雄祐騎手**。同騎手はデビュー間もない頃からずっと障害に騎乗し、今はほぼ専門です。現状は下級条件での勝ち星が多く、新潟コースが得意で穴馬をよく持って来ています。

50歳を超えるベテランの**熊沢重文騎手**も健在。平地でもGI勝利実績がありますが、近年は障害が中心。トラストとのコンビではスタミナを問われる大障害コースだと不安もありますが、それ以外の重賞なら安定感は上位。穴での活躍も見られる万能型のジョッキーです。

高田潤騎手はかつてドリームパスポートとのコンビで平地でも活躍したジョッキー。そのイメージ通り今も平地でたまに一撃があります。オトコギマサムネでのイン差しは強気な一面が見られた一戦でした。障害でも基本的には脚を溜めて末脚を伸ばすスタイル。エアカーディナルはスタミナ豊富で、高田騎手とのコンビが一番合っ

ています。今年もOP特別ならまだまだ出番がある。フランドルは折り合い面に不安がありますが、追っての良さはあるので、馬群で溜められる形なら重賞でもやれそうです。

難波剛健騎手は2019年2月の新馬戦でロードカナロア産駒ボランテレオに騎乗し、平地で新馬勝ちのサプライズがありました。もっとも、基本は障害専門。三田昌宏オーナーの馬で活躍しており、オールマンリバーとマイブルーヘブンで、2019年は全6勝中4勝の活躍を見せています。

北沢伸也騎手はメドウラークとのコンビに注目。掛かる面があるので大障害コース以外なら安定して走れるので狙いどころ。さすがに平地の重賞ウィナーだけあって能力は高いです。あとはディライトフルと同じレースに出ると共倒れリスクが高まります。

江田勇亮騎手はノワールギャルソンとのコンビで活躍中ですが、掛かる面があるので展開がカギ。スンナリ行ければしぶといですが、絡まれるとかなり危険。同型との兼ね合い次第になります。

佐久間寛志騎手は穴での好走が多めのジョッキー。現状はメイショウタンヅッとのコンビに注目といったところでしょうか。

金子光希騎手は前述したシングンマイケルとのコンビで悲願のJ・GI制覇。とにかく飛越に安定感がある馬なので2020年も3連系の軸としての信頼度はかなり高いでしょう。もっとも金子騎手自身にはシングンマイケル特需で馬が集まるようなことは、現状は起こっていません。

障害界きっての穴男・植野貴也騎手

草野太郎騎手は積極策での穴が目立つジョッキー。コスモロブロイでは2019年のイルミネーションジャンプSを制覇。メジャーリーガーやラフレシアレディに騎乗の際も、行く馬がいないとみるやハナを奪って粘らせており、今後も同様のパターンでの穴に注目です。

小野寺祐太騎手は活躍の大半が未勝利戦でのもの。特に福島では5勝を挙げる活躍を見せています。

西谷誠騎手はかつての障害リーディングの常連。現在

「シゲル」の冠名でおなじみの森中蕃オーナーとのタッグで活躍が目立つ植野貴也騎手。障害界きっての穴メーカーだ。

はかつてほど目立たないですが、小倉サマージャンプでは大注目。17年18年と6番人気馬に騎乗し、ともに1着。レースの内容を見ても仕掛けどころを熟知しており上手く乗っています。

黒岩悠騎手は２０１７〜２０１８年は2年間で僅か1勝、2着も1度だけでしたが、２０１９年は3勝2着5回とプチ確変（？）中。現状はマイネルレオーネとのコンビに注目。相手なりに走れるタイプで、平坦がベストです。

植野貴也騎手は障害界の穴男で、６番人気以下に限ると２０１７年以降ダントツのリーディングジョッキー。とにかく穴が多いのが特徴で、それを支えるのが「シゲル」の冠名で知られる森中蕃オーナーとのコンビで、２０１７年以降9勝と勝ち星の半数を稼いでいます。植野騎手に限らず、シゲル〇〇の馬はジャンプレースでもよく穴になるので押さえておく必要があります。

オーナーでいえば、マイネル軍団系の障害担当騎手と言って差し支えないのが**山本康志騎手**。ラフィアンの障害戦の3分の1以上に騎乗しています。人気薄での活躍も多く、ノルマンディーサラブレッドクラブや、岡田牧雄氏や息子の岡田壮史氏の所有馬での穴も多く見られます。

蓑島靖典騎手はスワーヴエドワードとシュンクルーズで２０１９年は2勝を挙げましたが、ともに引退してしまいました。現状は乗り馬も減っており苦しい状況です。

大江原圭騎手は西山オーナーの障害部門の主戦という位置づけ。このコンビではニシノスマッシュで大穴をあけるなど、複数頭好走馬が出ています。

小坂忠士騎手は平地でも騎乗しますが、やはり近年は障害が中心。ただ以前と比べると乗り馬の質が低下しており、ヤマニンシルフやホシルミエールなど穴での活躍の方が目立つようになってきました。

中村将之騎手は２０１９年は１勝のみでしたが、２０２０年になり1月だけで3勝の固め打ち。プチ確変状態に入っています。障害ジョッキーはレース自体が過酷だからでしょうか、割と好不調の波があるので、それを掴むことの大事さを教えてくれます。

原田和真騎手はプリンスリターンで名を上げましたが、障害レースも数は多くないとはいえ騎乗しています。そして、騎乗数が少ない割に穴をあけるケースが多く、平地でもジャンプでも穴男です。

伊藤工真騎手も障害戦での騎乗も見られますが、平地同様展開待ちという感じ。前崩れでの穴狙いが基本です。

伴啓太騎手は最近障害にも乗り始めていますが、まだ騎乗数が少なく傾向は見えてきません。ただ、その分穴での好走は多め。障害界きってのイケメンジョッキーとして注目される日が来るでしょうか？

田村太雅騎手は昨年未勝利。障害未勝利界最強の善戦マン・リボンナイトを勝ち上がらせられるかどうかに注目です。

２０２０年平地で久々の勝利を挙げた**大庭和弥騎手**は障害レースでもまずまず好調。モルゲンロートはいつでも未勝利は勝ち上がれそうですが、まだ少々飛越が危なっかしいので、中山よりはローカルの方が確実な気がします。

鈴木慶太騎手は騎乗数自体極端に少ないのですがその割によく穴をあけています。現状レースでの騎乗は月に一度程度ですが、こういう騎手で穴馬券を獲れたらそれはそれでロマンがありますよね。

高野和馬騎手は2年ほど馬券に絡めていない現状で、

三津谷隼人騎手は障害にも活路を見出していますが、まだ馬券に絡んだことはありません。

上野翔騎手は現状なかなか馬券に絡む機会がないので何とも言えません。頼みのスマートガルーダも引退してしまいました。ただ、この上野騎手はこの度の執筆にあたり、競馬ライターの平松さとし氏の記事を通じて初めて知った事実があります。それはなんと、障害ジョッキーとしてのキャリアを続けるために、左手中指を切断したというのです。もともと左手中指を骨折したことがあり、それ以来動きが悪くなった。このまま騎乗を続けると曲がらなくなる、しかし治すには1年の療養が必要、と言われたそうです。しかし、1年休んだらもう自分の居場所はない。そんな中で、唯一休まずに現役を続ける方法が指の切断だったというのです。

上野騎手は、指の切断を決意し、現役を続けた。年間1勝、あるいは0勝の騎手にもそんなドラマがある。騎手の世界の厳しさ、そして奥深さに触れた瞬間でした。馬券を買う我々も、騎手がたった1勝に執念を燃やすのと同様に、どん欲に特徴を掴むことで、ごく稀であっても大きな馬券が当たるキッカケになるかもしれない。すべての騎手を取り上げたのには、そういった際に少しでもお役に立てれば…という思いがありました。

個性豊かな外国人騎手たち

さて、これですべてのJRA所属騎手に触れて参りましたが、やはり今の競馬を語る上で外国人騎手をスルーするわけにはいきません。最後に簡単ではありますが、外国人騎手の特徴を取り上げたいと思います。

いわずもがな、今は外国人騎手に馬が集まる時代。先に取り上げたレーン騎手を筆頭に、昨年のジャパンカップをスワーヴリチャードで制したマーフィー騎手など、常に短期免許で外国人騎手が来日している状況です。２０１９年の勝利数を見ても短期免許の外国人騎手だけで１５０勝、これは日本所属のルメール、デムーロを除いた数字です。

現在日本にやって来る外国人騎手は、ルール上各国のトップクラスばかり。ムーア、デットーリ、スミヨンなどはサッカーでいえばメッシやC・ロナウドがJリーグに、ゴルフならタイガーウッズやロリーマキロイなどが

「通年騎乗したら200勝するのでは?」という活躍を見せているO.マーフィー騎手。19年にはスワーヴリチャードでジャパンCに優勝している。

日本のツアーに来るようなものです。そりゃ上手くて当たり前。

ただ、馬に適性があるように騎手にも適性がある。世界的には有名でも日本の文化になじめなかったり、あるいは文化にはなじめても結果を出せないケースは多々あります。現状はミナリク騎手やフォーリー騎手でも馬が集まりますが、現実的にはカタカナの騎手だからって例外なく皆が上手いわけではないのです。だからこそ、きちんと特徴を知る必要があります。レーン騎手には既に触れたので、ココでは2019年以降に来日経験のある騎手に触れておきたいと思います。

マーフィー騎手は通年騎乗すれば楽々200勝する

今、短期免許で来日している中でダントツに上手いのが**マーフィー騎手**でしょう。特徴をいえば〝正攻法の鬼〟。とにかく勝負になる位置を確実に取って、キッチリ追って来れる。2019年には、それまで追い込み一辺倒だったコパノキッキングに騎乗し根岸Sを制覇。前走では柴田大騎手が騎乗し絶望的な位置からの追い込みでカペラSを制していましたが、マーフィー騎手が騎乗するとスッと好位につけて折り合える。同じ重賞勝利でも騎手によってこれだけ内容は変わります。

当然「マーフィー人気」は避けて通れないのですが、それでもなお平均値よりははるかに高確率で馬券に絡んで来ており、2019年以降で見ても、1番人気馬での馬券圏内率は驚異の76・7%、単勝回収率101%、複勝回収率98%。

これは相当な数字です。

基本人気するので穴馬に騎乗するケースは少ないですが、7番人気以下での好走率も目を疑うほど高く、特に2019年の暮れから2020年2月にかけて、7番人気以下の伏兵で5戦連続馬券絡みという離れ業をやってのけました。

▼2019／12／15
ディキシーナイト　9番人気2着
▼2019／12／22
ジョブックコメン　7番人気3着
▼2020／1／13
ルカ　7番人気3着
▼2020／1／18
アールクインダム　9番人気1着
▼2020／2／1
インビジブルレイズ　8番人気1着

日本人ジョッキーでいえば石川騎手や松若騎手と同世代となるマーフィー騎手ですが、これまで20か国以上での騎乗経験があるとのことです。異国からやって来てもすぐにフィットできるのはそういった経験値の違いもあるのかもしれません。日本で通年騎乗したら普通に200勝くらいはしてしまいそうです。

外国人騎手だからってみんなが上手いわけではない

こうもマーフィー騎手を絶賛すると、ただの外国人騎手賛美というスタンスだと誤解されてしまうかもしれませんし、実際そういったご意見を頂くことがあります。

しかし、馬券を考える上でそもそも騎手の国籍などはどうでも良いことです。ただ買えるか買えないかということをシンプルに考えれば良いし、それは日本人騎手を考えるときと変わりません。

例えば、同じ短期免許来日組でもチェコ出身の**ミナリク騎手**は現状まったく買えない騎手です。重賞でも割と騎乗馬が集まりますが、正直なところなぜここまで集まるのか理解できないレベルです。まずスタートが上手くない上に道中脚を溜めることができないので、日本馬の特徴である末脚を生かせないケースが多々。ダートの短距離はそれでもパワーで持って来れますが、それ以外の信頼度はかなり低く、中山はマシですが、東京競馬場だと全く信頼できません。

▼2019年以降
東京で1～2番人気（1－1－0－7）

ミナリク騎手自身は日本がお気に入りのようですし、ファンへの対応もよく愛されているジョッキーです。今後も来日するかもしれませんが、それはそれ、馬券は馬券として付き合いたいものです。

アイルランドの**フォーリー騎手**も現地ではトップクラスですが、日本競馬には現状まったくフィットできていません。力づくで先行して粘らせる競馬が大半で、脚を溜めることができない。2020年の来日でもやはり結果を出せず、1番人気馬にも5回騎乗して（0－1－1－3）と未勝利に終わりました。欧州仕込みで追うパワーはあるので、現状は短距離戦やダート戦で人気薄なら面白いかもしれませんが、人気馬ではむしろ疑いたいジョッキーです。

逆に狙いどころを間違わなければ買えるのが、ドイツの**シュタルケ騎手**。欧州のベテラン騎手らしく荒れ馬場や中長距離戦で強さを発揮します。芝では距離で成績がまったく異なります。2019年以降の芝での距離別成績は以下の通り。

▼芝1800m未満（2－8－5－48）
▼芝1800m以上（11－5－4－43）

ダートでも距離が延びた方が成績が良く、中長距離

19年11月23日、不良馬場で無双したのはW.ビュイック騎手。同騎手は18年のマイルCSをステルヴィオで優勝している。

での人気馬は割と信頼できます。2020年はディアスティマで京成杯3着、ストーンリッジできさらぎ賞2着、ジナンボーで小倉大賞典3着と中距離ではキッチリ結果を出しています。

欧州の騎手は逃げるのが大嫌い

現状日本にやって来るのはヨーロッパかオセアニアが中心ですが、ヨーロッパの特に一流騎手は基本的に逃げるのを嫌うのも覚えておきたい傾向です。前述のシュタルケ騎手も先行はしますがめったに逃げない。これはスミヨン、デットーリ、ムーアといった超一流騎手も同様で、逃げるよりは2～3番手に控えて前を見て進む傾向が強いです。レースの流れを読む上では重要なことなので、是非頭の片隅に入れておいてください。

例えば**スミヨン騎手**は昨年の来日で93レースに騎乗しましたが、逃げたのはたったの3回だけでした。象徴的だったのはチャレンジカップ。騎乗したブラックスピネルは、昨年も白富士Sを逃げ切り、鳴尾記念でも逃げて

2着と健闘していましたが、この日はスタートから全く行く気を見せず他の馬を待つような姿勢。結果、強気に先手を取ったトリオンフがスンナリ逃げてスローに持ち込み、8番人気ながら2着に粘り込み。強引な印象の強い外国人騎手ですが、逃げ争いにおいてはむしろ日本人的な譲り合いの精神を発揮するのです（笑）。

それと、外国人騎手全体の傾向としてタフな馬場に強いのも特徴です。日本の芝はご存じの通り非常に高速化しており軽い傾向があります。一方欧州を中心とした外国の馬場は総じてタフで深いと言われてます。当然、海外で騎乗している騎手はタフな芝を走らせることに慣れており、日本の芝でもタフな馬場だとパフォーマンスを挙げてきます。

２０１９年11月23日（土）、この日は朝から雨が降り、東京競馬場の芝は不良にまで悪化していました。ここで気を吐いたのがイギリスを拠点に活躍する**ビュイック騎手**でした。この日最初の芝のレースでルメール、ムーアに次ぐ3着と好走すると、5Rの新馬戦ではターキッシュパレスに騎乗し3番人気で1着。メインのキャピタルSではドーヴァーに騎乗し7番人気1着、最終レースでもロケットに騎乗しキッチリ勝利と、不良馬場の芝で3勝の活躍を見せました。特にキャピタルSでは各馬がインを避ける中、15番枠のドーヴァーで敢えてインに突っ込み抜け出したように、荒れ馬場でも馬をノメらさず走らせられる自信の一端が見える騎乗でした。

外国人騎手はなんとなくみんな一緒くたに語られがちですが、それぞれ特徴や個性があります。常に良い馬に乗るからこそ、得意分野や弱点を知っておくと馬券には大いに役に立つことでしょう。

勝利数 ※ここで取り上げるデータの集計期間は全て2017～2019年の3年間

リーディング

順位	騎手	着別度数	勝率	連対率	複勝率	単回値	複回値
1	ルメール	578-396-282-975/2231	25.9%	43.7%	56.3%	77円	84円
2	M.デムーロ	415-290-240-936/1881	22.1%	37.5%	50.2%	74円	79円
3	戸崎圭太	390-357-289-1524/2560	15.2%	29.2%	40.5%	70円	77円
4	川田将雅	336-297-219-886/1738	19.3%	36.4%	49.0%	77円	90円
5	福永祐一	326-278-249-1289/2142	15.2%	28.2%	39.8%	88円	82円
6	武　豊	269-240-206-1103/1818	14.8%	28.0%	39.3%	68円	79円
7	田辺裕信	256-229-213-1412/2110	12.1%	23.0%	33.1%	83円	81円
8	北村友一	240-219-230-1386/2075	11.6%	22.1%	33.2%	73円	83円
9	松山弘平	236-238-222-1938/2634	9.0%	18.0%	26.4%	88円	82円
10	和田竜二	233-256-248-2044/2781	8.4%	17.6%	26.5%	71円	72円

勝利数（芝）

リーディング

順位	騎手	着別度数	勝率	連対率	複勝率	単回値	複回値
1	ルメール	371-248-165-540/1324	28.0%	46.8%	59.2%	84円	86円
2	M.デムーロ	259-187-136-554/1136	22.8%	39.3%	51.2%	73円	79円
3	福永祐一	209-169-143-713/1234	16.9%	30.6%	42.2%	93円	80円
4	川田将雅	206-190-144-511/1051	19.6%	37.7%	51.4%	79円	95円
5	戸崎圭太	193-213-161-793/1360	14.2%	29.9%	41.7%	64円	80円
6	武　豊	152-130-124-680/1086	14.0%	26.0%	37.4%	67円	76円
7	北村友一	147-117-143-793/1200	12.3%	22.0%	33.9%	80円	82円
8	田辺裕信	124-111- 99 -709/1043	11.9%	22.5%	32.0%	79円	79円
9	和田竜二	121-124-142-1026/1413	8.6%	17.3%	27.4%	71円	76円
10	松山弘平	114-116-109-1008/1347	8.5%	17.1%	25.2%	83円	76円

勝利数(ダート)

リーディング

順位	騎手	着別度数	勝率	連対率	複勝率	単回値	複回値
1	ルメール	207-148-117-435/907	22.8%	39.1%	52.0%	67円	82円
2	戸崎圭太	197-144-128-731/1200	16.4%	28.4%	39.1%	77円	74円
3	M.デムーロ	156-103-104-382/745	20.9%	34.8%	48.7%	76円	79円
4	岩田康誠	134-131-130-832/1227	10.9%	21.6%	32.2%	73円	77円
5	田辺裕信	132-118-114-703/1067	12.4%	23.4%	34.1%	87円	84円
6	川田将雅	130-107- 75 -375/687	18.9%	34.5%	45.4%	73円	81円
7	内田博幸	122-127-113-1015/1377	8.9%	18.1%	26.3%	61円	68円
8	松山弘平	122-122-113-930/1287	9.5%	19.0%	27.7%	92円	87円
9	幸　英明	120-109-105-1008/1342	8.9%	17.1%	24.9%	86円	76円
10	武　豊	117-110- 82 -423/732	16.0%	31.0%	42.2%	68円	83円

勝利数(芝8枠限定)

リーディング

順位	騎手	着別度数	勝率	連対率	複勝率	単回値	複回値
1	ルメール	56 - 36 - 23 - 86 /201	27.9%	45.8%	57.2%	79円	82円
2	M.デムーロ	45 - 29 - 22 - 89 /185	24.3%	40.0%	51.9%	83円	84円
3	戸崎圭太	32 - 27 - 22 -114/195	16.4%	30.3%	41.5%	82円	72円
4	福永祐一	31 - 25 - 17 -115/188	16.5%	29.8%	38.8%	66円	64円
5	川田将雅	28 - 20 - 21 - 89 /158	17.7%	30.4%	43.7%	48円	91円
6	武　豊	23 - 25 - 20 -103/171	13.5%	28.1%	39.8%	81円	81円
7	岩田康誠	18 - 17 - 30 -131/196	9.2%	17.9%	33.2%	87円	85円
8	北村友一	18 - 16 - 20 -133/187	9.6%	18.2%	28.9%	42円	63円
9	松山弘平	17 - 23 - 19 -163/222	7.7%	18.0%	26.6%	68円	69円
10	石橋　脩	17 - 18 - 14 - 94 /143	11.9%	24.5%	34.3%	73円	91円

1番人気複勝率(50回以上)

リーディング

順位	騎手	着別度数	勝率	連対率	複勝率	単回値	複回値
1	マーフィー	23－12－ 8 －13／56	41.1%	62.5%	76.8%	97円	99円
2	池添謙一	48－33－18－33／132	36.4%	61.4%	75.0%	83円	91円
3	藤岡佑介	53－29－17－40／139	38.1%	59.0%	71.2%	91円	91円
4	古川吉洋	26－14－ 8 －20／68	38.2%	58.8%	70.6%	101円	93円
5	ルメール	390－199－128－318／1035	37.7%	56.9%	69.3%	76円	85円
6	幸　英明	52－21－23－43／139	37.4%	52.5%	69.1%	94円	89円
7	横山典弘	51－23－17－42／133	38.3%	55.6%	68.4%	92円	87円
8	川田将雅	190－107－68－172／537	35.4%	55.3%	68.0%	77円	83円
9	モレイラ	52－23－11－41／127	40.9%	59.1%	67.7%	82円	82円
10	ムーア	25－15－ 9 －24／73	34.2%	54.8%	67.1%	71円	82円

単勝ひとケタ台の複勝回収率(100回以上)

リーディング

順位	騎手	着別度数	勝率	連対率	複勝率	単回値	複回値
1	シュタルケ	21－25－19－56／121	17.4%	38.0%	53.7%	80円	101円
2	中井裕二	22－14－23－56／115	19.1%	31.3%	51.3%	102円	98円
3	レーン	36－10－17－43／106	34.0%	43.4%	59.4%	127円	96円
4	森裕太朗	21－24－20－59／124	16.9%	36.3%	52.4%	90円	96円
5	西村淳也	41－46－38－122／247	16.6%	35.2%	50.6%	82円	94円
6	菊沢一樹	35－23－17－74／149	23.5%	38.9%	50.3%	124円	92円
7	小牧　太	40－29－21－98／188	21.3%	36.7%	47.9%	116円	91円
8	武藤　雅	73－57－52－189／371	19.7%	35.0%	49.1%	93円	90円
9	加藤祥太	21－24－20－70／135	15.6%	33.3%	48.1%	67円	90円
10	C.デムーロ	42－27－34－94／197	21.3%	35.0%	52.3%	96円	88円

単勝100倍以上限定複勝率(100回以上)

リーディング

順位	騎手	着別度数	勝率	連対率	複勝率	単回値	複回値
1	石橋 脩	0－2－3－107/112	0%	1.8%	4.5%	0円	117円
2	藤岡康太	1－3－4－184/192	0.5%	2.1%	4.2%	98円	127円
3	勝浦正樹	2－4－6－319/331	0.6%	1.8%	3.6%	67円	85円
4	岩田康誠	0－0－4－107/111	0%	0%	3.6%	0円	57円
5	三浦皇成	2－1－2－138/143	1.4%	2.1%	3.5%	182円	42円
6	西村淳也	1－6－1－221/229	0.4%	3.1%	3.5%	65円	80円
7	丸山元気	5－0－3－222/230	2.2%	2.2%	3.5%	421円	92円
8	水口優也	1－2－5－226/234	0.4%	1.3%	3.4%	43円	87円
9	北村宏司	0－3－4－207/214	0%	1.4%	3.3%	0円	71円
10	丸田恭介	3－2－6－328/339	0.9%	1.5%	3.2%	117円	91円

7番人気以下限定複勝率(100回以上)

リーディング

順位	騎手	着別度数	勝率	連対率	複勝率	単回値	複回値
1	川田将雅	7－19－15－153/194	3.6%	13.4%	21.1%	73円	128円
2	植野貴也	6－6－7－103/122	4.9%	9.8%	15.6%	228円	118円
3	福永祐一	15－16－27－337/395	3.8%	7.8%	14.7%	121円	84円
4	戸崎圭太	12－19－20－337/388	3.1%	8.0%	13.1%	64円	68円
5	田辺裕信	19－27－30－549/625	3.0%	7.4%	12.2%	80円	81円
6	松田大作	11－12－26－368/417	2.6%	5.5%	11.8%	86円	107円
7	石橋 脩	18－24－30－556/628	2.9%	6.7%	11.5%	79円	89円
8	浜中 俊	18－25－24－524/591	3.0%	7.3%	11.3%	93円	73円
9	五十嵐雄祐	0－6－6－94/106	0.0%	5.7%	11.3%	0円	103円
10	松山弘平	30－52－58－1110/1250	2.4%	6.6%	11.2%	88円	76円

ディープインパクト産駒限定

リーディング

順位	騎手	着別度数	勝率	連対率	複勝率	単回値	複回値
1	ルメール	88－59－40－122/309	28.5%	47.6%	60.5%	78円	87円
2	M.デムーロ	73－42－37－118/270	27.0%	42.6%	56.3%	69円	83円
3	川田将雅	69－55－39－121/284	24.3%	43.7%	57.4%	77円	97円
4	福永祐一	64－36－37－164/301	21.3%	33.2%	45.5%	89円	84円
5	武　豊	34－30－26－128/218	15.6%	29.4%	41.3%	73円	75円
6	北村友一	33－32－32－119/216	15.3%	30.1%	44.9%	90円	98円
7	戸崎圭太	31－44－23－109/207	15.0%	36.2%	47.3%	56円	77円
8	石橋　脩	20－13－14－81/128	15.6%	25.8%	36.7%	66円	63円
9	浜中　俊	17－25－31－106/179	9.5%	23.5%	40.8%	130円	99円
10	田辺裕信	17－7－12－77/113	15.0%	21.2%	31.9%	87円	58円

ハーツクライ産駒限定

リーディング

順位	騎手	着別度数	勝率	連対率	複勝率	単回値	複回値
1	ルメール	29－24－18－68/139	20.9%	38.1%	51.1%	62円	79円
2	M.デムーロ	19－20－14－38/91	20.9%	42.9%	58.2%	76円	93円
3	戸崎圭太	19－13－13－76/121	15.7%	26.4%	37.2%	57円	66円
4	川田将雅	18－17－12－51/98	18.4%	35.7%	48.0%	54円	79円
5	田辺裕信	16－18－10－69/113	14.2%	30.1%	38.9%	92円	85円
6	武　豊	12－15－15－63/105	11.4%	25.7%	40.0%	29円	68円
7	北村友一	11－15－18－69/113	9.7%	23.0%	38.9%	39円	83円
8	三浦皇成	10－12－6－57/85	11.8%	25.9%	32.9%	70円	71円
9	松山弘平	10－5－5－87/107	9.3%	14.0%	18.7%	110円	54円
10	福永祐一	9－19－8－67/103	8.7%	27.2%	35.0%	33円	59円

馬体重420キロ未満

リーディング

順位	騎手	着別度数	勝率	連対率	複勝率	単回値	複回値
1	藤岡佑介	8 - 5 - 4 - 36 /53	15.1%	24.5%	32.1%	75円	67円
2	武藤　雅	8 - 3 - 6 -115/132	6.1%	8.3%	12.9%	67円	45円
3	藤田菜七子	7 - 7 - 5 -167/186	3.8%	7.5%	10.2%	27円	37円
4	石橋脩	7 - 5 - 5 - 42 /59	11.9%	20.3%	28.8%	89円	85円
5	ルメール	7 - 5 - 5 - 20 /37	18.9%	32.4%	45.9%	58円	72円
6	北村友一	6 - 9 - 5 - 54 /74	8.1%	20.3%	27.0%	46円	77円
7	和田竜二	6 - 5 - 6 - 51 /68	8.8%	16.2%	25.0%	88円	83円
8	石川裕紀人	6 - 4 - 5 - 41 /56	10.7%	17.9%	26.8%	207円	99円
9	藤岡康太	6 - 3 - 6 - 62 /77	7.8%	11.7%	19.5%	93円	105円
10	岩田望来	6 - 3 - 3 - 26 /38	15.8%	23.7%	31.6%	111円	68円

馬体重520キロ以上

リーディング

順位	騎手	着別度数	勝率	連対率	複勝率	単回値	複回値
1	ルメール	55 - 32 - 28 - 96 /211	26.1%	41.2%	54.5%	77円	76円
2	M.デムーロ	32 - 19 - 19 - 71 /141	22.7%	36.2%	49.6%	72円	78円
3	川田将雅	30 - 16 - 16 - 85 /147	20.4%	31.3%	42.2%	85円	75円
4	戸崎圭太	29 - 18 - 19 -121/187	15.5%	25.1%	35.3%	57円	57円
5	内田博幸	27 - 27 - 17 -185/256	10.5%	21.1%	27.7%	58円	72円
6	石橋　脩	25 - 13 - 18 -116/172	14.5%	22.1%	32.6%	125円	83円
7	田辺裕信	21 - 9 - 5 - 76 /111	18.9%	27.0%	31.5%	93円	76円
8	武　豊	19 - 6 - 7 - 46 /78	24.4%	32.1%	41.0%	70円	69円
9	北村友一	19 - 1 - 11 - 83 /114	16.7%	17.5%	27.2%	99円	81円
10	松山弘平	18 - 19 - 11 -156/204	8.8%	18.1%	23.5%	79円	68円

各項目の説明

- **先** 積極的。先行志向が強く前に行く
- **差** リズム重視で控える競馬が多い
- **内** インにこだわる。または内枠得意
- **外** 外を回しやすい。または外枠得意
- **P** パワー型。ズブい馬、大型馬が得意
- **技** 技術型。難しいタイプも乗りこなす
- **人** 人気馬でしっかり結果を残せる
- **穴** 人気薄での一発の期待値が高い

騎手	先	差	内	外	P	技	人	穴	コメント
藤田菜七子	△		○			△		△	パワー△、小型馬◎、ゲート安定◎
横山典弘	○		◎		△	◎		△	天才肌、イン&先行◎、重賞に強い
斎藤　新	△	△	△	△					注目の若手、今後差し穴増えるかも
津村明秀	○		△			△		△	積極策◎、読みづらいタイプ…(汗)
武藤　雅	△		△			△		△	中山ダ1200m◎、父厩舎◎、穴◎
レーン	◎	○	△	○	◎	◎	◎		切れ味<持続力◎、コロナ影響大
岩田望来	△	△	○			△		△	急成長、父譲りの馬群突き、成長◎
マーフィー	◎	○	○	○	◎	◎	◎	△	安定◎、レーンより妙味◎、隙なし
★菅原明良	△		△					○	穴◎、積極策◎、地元中山で強み
坂井瑠星	△		◎			△		△	新内枠男、重賞◎、穴◎、探求心◎
★菱田裕二	○	△	△	△		○	○	◎	存在感↓穴妙味↑注目の穴騎手
古川吉洋	△		○				○	△	安定◎、地味馬で連続穴、内枠◎
鮫島克駿	△	○	△	△				◎	先行差し自在、穴◎、2020年注目◎
★秋山真一郎		○	△	○		○		○	職人、消極的、差し穴◎、重賞一撃
石川裕紀人	△		△					△	小回り◎、長い直線△、重賞穴◎
丹内祐次	△		△						行くだけ行って穴、差し×、人気△
★団野大成	○	△	△	△		△		○	差し◎、妙味大、2020年穴で注目
★野中悠太郎						△		○	若き職人、穴◎、継続騎乗◎、注目
木幡巧也	△		△	△	○			△	追える、ダート・大型馬◎、体力◎
川又賢治		△		△	△			△	外回す、差し◎、人気<穴、一発系
柴山雄一		△		△					控え外回す、関西移籍、人気馬△
松岡正海	△		△			△			中山・内◎、ウイン◎、兄貴的存在
★丸田恭介		◎		◎		○		◎	意外性◎、外・差し◎、稀な逃げ◎
荻野　極	△				△			△	伸び悩み、浮沈の分岐点、穴◎
★北村宏司	○		○					○	ケガあり妙味↑好位先行◎、穴◎

特別収録

2019年リーディング上位50人
騎手別特性早見表

騎手	先	差	内	外	P	技	人	穴	コメント
ルメール	○	○	○	◎	◎	◎	◎		JRA最強騎手、重賞は黙って買い
川田将雅	◎	△	◎	△	○	△	◎		徹底先行、トライアル無双、安定◎
武　豊	◎	△	○	△	△	○	△	△	逃げたら超一流、コメント力No,1
福永祐一	△	△	○			○	△	△	最強の無難、マイル◎、中穴◎
戸崎圭太	○	△	△	○	○	○	○		超安定万能系、信頼◎、復帰待望
三浦皇成	△		△	○	◎		○		平場◎、重賞×、下級条件、道悪◎
★松山弘平	○		○				○	△	積極策も差し増加傾向、2020注目
M.デムーロ	△	△	△	○	○	△			出遅れ多、好不調波大、道悪◎
田辺裕信	○	○			△	◎	○	○	技術◎、マイペース系、差し穴注意
北村友一	△	◎	○			○	△	○	非外国人系、短距離◎、ソフト系
丸山元気	△		△					○	積極策◎、穴男、安定△、人気馬△
岩田康誠	△	○	○	○	○				イン差し◎、長丁場◎、今後穴特注
和田竜二	○		△	○	○			○	積極策◎、強気にイン突く根性系
池添謙一		○				○	◎	△	人気馬の信頼度高い、GIハンター
★幸　英明	○		○		○			△	顔と腕のギャップ、ダート◎、体力◎
吉田隼人		△				△	△		見た目通り、堅実も意外性イマイチ
藤岡佑介	○	○			△	○	◎	○	人気穴自在、信頼度◎、積極策◎
藤岡康太	△	◎	△	○		◎		○	末脚引き出す、穴◎、伸びシロ◎
西村淳也	○		○			△		△	積極策◎、穴多数、馬場読める
★石橋　脩	○	△	○		○	△	△	◎	万能型、妙味大の穴男、パワー◎
★横山武史	○		○			○		◎	意外性◎、イン突き、重賞で一発注
大野拓弥		○		△		△		△	消極的、末脚系◎、安定◎、連複軸
内田博幸	○			△	◎		△		大型馬◎、地方仕込みのパワー◎
浜中　俊	○		○			△			自在系、馬場読み力◎、連チャン◎
松若風馬		○		△		○		○	末脚生かす技術高い、中長距離◎

 ※★はTARO氏の2020年注目騎手

あとがき

最後までお読みいただきありがとうございました。本書を書く際に、決めごとがいくつかありました。

1、全員を取り上げること
2、データの羅列ではなく真に馬券に役立つ内容であること
3、自分のために書くこと
4、「政治騎手」との内容被りに注意すること
5、馬券を買うファンの立場で書くこと

1について、普段から騎手の特徴や印象的なコメント、記事などはメモをしていたので割とスムーズに書けましたが、やはり書きやすい騎手と書きにくい騎手で大きく差がありました。これだけ多くいると得意な騎手、不得意な騎手が出てきますが、だからこそ得意な騎手で勝負する意識が大事です。

2について、データって意外と役に立たないんですね。これは本編でも書いたことです。データを多用すると楽なのですが、そこに甘えず、真の意味で馬券に使える、騎手の動きが読めることを意識しました。

3について、誤解のなきように書きますが、私自身、誰よりも馬券に対して真剣に考えているからこそ、自身の成果が上がるものでないと意味がないし、逆に自分が読んで使えるなら読者にも使えると考えました。これについては予想以上に成果が上がっています。締め切り週に大きな馬券を獲らせてもらった◎クラヴィスオレアは木幡育也騎手。この本書いていなかったら買えないです(笑)。

4について、騎手の本、騎手分析といえば、『政治騎手シリーズ』の樋野竜司氏という第一人者が

います。私自身も昔から愛読しており、騎手を見るという点で少なくない影響を受けています。だからこそ執筆の際には騎手の人間関係ではなくアナログな、自分なりの視点を大事にしました。内容が被っている部分もあるかもしれませんが、被りはいわば鉄板の条件ということでもあります。

最後の5について、本書冒頭でも触れましたが、やっぱりファンの立場っていうのは常に上手い下手じゃないんですね。買えるか買えないか、もっと露骨に言えば儲かるかどうか、そういう視点だと騎手の評価って現場とは異なってくるわけです。でも馬券に繋がるのはファンの視点ですから、そこだけは忘れずに書きました。

丸田好きすぎだろとか、北村友一褒め過ぎとか、去年0勝の大庭やたら文字数多いなとか…（笑）、突っ込みどころはあると思いますが、騎手を馬券に役立てるっていうのは結局そういうことなのだと思います。一人の騎手を徹底的に知る、それでも十分馬券には使えるわけです。

本書がキッカケで、皆さんが少しでも騎手の動きを読めるようになり、良い意味で無謀な期待をしなくなり、騎手に対して心の余裕をもってみることができるようになれば幸いです。騎手に怒ったら負けですよ。

最後になりますが、原稿に対して忌憚のない意見をくれた愛知県の元新聞記者の太田君、何より執筆にあたり本企画を受け入れて下さり、また様々な要望にも付き合って下さった編集者の松山さんには深く感謝申し上げます。本書を手に取って下さったあなたにとって、大いに役立つものとなれば幸いです。

2020年3月25日　TARO

JRA所属騎手

ア 行

カ 行

タ行

サ行

TARO

1984年生まれ。立命館大学卒。『TAROの競馬』主宰。中学2年の時にネット掲示板で予想公開を始め、2004年に開設したブログ『TAROの競馬』は、月間最大100万PVを超えるアクセスを記録。2016年に発売された『回収率を上げる競馬脳の作り方』(扶桑社新書)は増刷を重ねるベストセラーとなった。「特別な人脈や裏情報を持たずとも競馬は勝てる」を実証している現代のトップ予想家の一人として、『SPA!』、『東洋経済オンライン』、『ウマニティ』など様々なメディアで活躍中。『netkeiba.com』主催の「ウマい馬券」では、2019年11月の予想スタート以来5カ月連続の月間プラス収支を継続中で、確かな根拠と勝負強い予想には定評がある。著書は他に『万馬券の教科書 -新時代のサバイバル穴予想術-』(ガイドワークス)など。週末の重賞予想などは、メルマガ『競馬ノート』にて配信中。

ブログ『TAROの競馬～2nd season～』

https://taro-k.com

競馬記者では絶対に書けない

騎手の取扱説明書

2020年4月20日初版第一刷発行
2020年8月17日初版第二刷発行

著者　TARO
発行者　松丸仁
装丁　雨奥崇訓 (oo-parts design)
写真　橋本健
印刷・製本　株式会社 暁印刷
発行所　株式会社 ガイドワークス
編集部　〒169-8578　東京都新宿区高田馬場4-28-12　03-6311-7956
営業部　〒169-8578　東京都新宿区高田馬場4-28-12　03-6311-7777
URL　http://guideworks.co.jp

競馬王のPOG本
2020-2021